写経入門

田中塊堂

講談社学術文庫

はしがき

哲学を生活の上に示現する仏教、その経典にくりひろげられた真理は、広大にして無辺、説くとも尽きることなく、その華文は深甚にして無際、書すともまた尽きることのないものである。しかるに、その一行を説き半句を書写するものあらばよく大願を成就すと諭(さと)す大乗経典の教説は、果たして信頼に値するものであろうか。

われらの先人は、よくこれを信じ、これに従い、悲願を一管の筆に托し書写して倦(う)むことを知らなかった。そして、これによって確固たる信念を養い、堅忍不抜の精神を培(つちか)い、しかも永い伝統をもって今日のわれらを育成して来たのである。むべなるかな、一滴の水、一磨の墨、ともに和合して法身(ほっしん)の文字を織り出すとき、われらもまた、おのずから清浄無垢(しょうじょうむく)の心境に導かれるのを覚える。そして、自分の掌(たなごころ)より生まれる一字一字に対して一種の崇高ささえ感じる。それは、たとい瞬時といえども、その清浄心こそ写経の持つ大きな力であって、人生開悟の道はここに初めて一歩を踏み出し得るからである。されば、その持続は、精神陶冶の大本であり、人間形成の哲学であらねばならぬ。人生の真意義を見出すものは、自分を措(お)いては他にないのである。かくて、すでに教説に虚言なきを知るならば、自分もまたこれを修し、他にも勧めてこそ、大乗経典の教理にも添い、日本精神発揚の大きな力となるものと言い得る。

私は先頃、ＮＨＫの人生読本で「写経の心」というテーマで三回に亘って放送したが、全国の志望者からの手紙が机上に山積した事実を見て驚いたようなわけであった。そして、個人でひそかにこの浄業に精進されている者、精神鍛錬の具に供する者、先祖供養のため等々、その目的こそ異なれ、その人口のおびただしいことを改めて知った。私は謹んでそれらの善知識に告げたい。申すまでもないことであるが、書写にあたっては、よろしく古法に則り、釈尊金口の法宝に誤りなきことを期するとともに、正しくこれを護持し、一人でも多くの人に勧めて欲しいと。

この小著は、創元社のすすめによって、さきに刊行した『写経と修養』を書き改め、『写経入門』として版を新たに起こしたもの、殊に初心の方のため、誰人も安心して筆が執れるように、極めて平易に説いたつもりである。さいわいにしてこれが信奉者の要望に答え得るならば、本懐これに過ぐるものはない。

昭和四十六年一月

著者合掌

目次

写経入門

写経入門

一　写経とは

写経とはお経を写すことであり、そのお経は、大聖釈尊がながい間の修行を積み、悟りを開かれてから四十数年間の伝道教化を書き止めたものであります。その文辞を専門の方に聞きますと、極めて平易な質疑応答の形式に書かれてあって、もし相手の考えが誤っていても、決して叱ったり、否定したりしないで、話しているうちに相手の自覚をうながすような態度に書かれてあり、また、むずかしい道理を説かれるときには、相手に応じて適切な譬喩（ひゆ）をもって説明し、ものの真相を自然のうちに会得（えとく）させるように、懇切に説かれてあるということであります。本当に仏は、われわれを清浄（しょうじょう）な浄土の世界へ導いて下さる方であって、戒律とか精進（しょうじん）とかの厳（きび）しい命令をする仏様ではないのであります。写経にいたしましても、もとより原典は梵語（ぼんご）で記されてあったに相違ありませんが、日本に伝わったものは、印度から中国にわたって、漢文体に翻訳されたものであります。その数は実に五千数百巻という厖大（ぼうだい）なものであり、それに包含されている内容は、大般若経（だいはんにゃきょう）六百巻のように、空（くう）の思想を説いた哲学的なものを始め、王道を説いたもの、臣の道、師の道、夫婦の道、あるいは攘災（じょうさい）、護国を説いたもの、法律を説くもの、寿命長寿、父母の恩を説くもの、医療・施薬の法といったものなど、今日のわれわれの生活の道は、ことごとく皆この一切経に説かれております。ですから、春風駘蕩たる華やかさもあれば、幽遠極まりない禅の境地もあります。秋霜の寂寞さもあれば、潑剌たる動静もあります。要するに、処世百般にわたる修養の道を説いたものが仏教の経典なのであります。

したがって、これを拾い読みするだけでもよい修養になりますが、さらにこれを書くということは、自ら仏音に接し、それをいつまでも伝えようとする行でありますから、経文の中には、いたるところに写経の功徳が称えられています。例えば、法華経の法師品には「若し復た人ありて、経典を受持し解説すると共に、これを書写すれば、よく大願を成就す」とありますし、このほか、道行般若経、放光般若経、首楞厳経、賢劫経、不退転法輪経、方便大荘厳経、大方等大集経、金光明経などの大乗経典には、皆斉しく写経の功徳が説示されてあります。

ところが、現代の若い人たちには、写経などはわれわれの生活からおよそ縁の遠いものとしか考えられていないようであります。それに、中年の人たちでも写経ということを知らないものが多いし、知っていても、やらない人には、写経という言葉から連想されるものは、逮夜に坊さんが来て読むものというくらいにしか浮かんでこないでありましょう。こうした先入観から、写経なんて没時代的なものと決めて取り合わない人が多いようです。お逮夜に読むお経も、一切経の中の一部に相違がありませんが、読経と写経とを混同して考えているのであります。こうした思想は、明治以来の神仏分離に起因するものでありますが、戦後ことに強調されて来た西洋の物質文明によって、わが国のもつ伝統の美風が次第に忘れられてゆく傾向があるように思います。写経にしましても、現実には、漢文で綴られていて読みにくいし、それに何が書いてあるのかわからないままに書くのは意味がないという理由から、とかく敬遠されやすいのであります。ただ有難いお経だから写すというのでは納得しにくい。何が有難いのか、これを写せば、どんな利益があるのかを、計算した上でなければ手を染めないというのが現代的な考え方であるかもしれません。これも、ものごとをすべて打算的に処理してゆくのが人生であると心得るようになったからでありましょう。

このように仏教の経典は、その内容は結構なものでありますが、それを解く人が立派であり、上手でなければなりません。このままでは、読書力、書写力の低下している現代人を誘導するに相応しいものではないということは確かにいえると思います。そこで私は、内容は二義的なものとして、まず、こうした人たちに、字を書くことが億劫にならないため、たとえ三十分でも一時間でもよい、書き得たことによって満ち足りる心と、そして精神的な潤いのある、明るい生活に入る修養として、写経を考えてもらいたいと思います。せめて物質的に貧しくとも精神的に富める生活をしたいものです。ここにいう写経は、これらの若い人たちが考えているようなものではなく、人間として生きて行く上になくてはならぬ無形の財を作ることであります。したがって、その目的は、お経を習うことではなく、修養入門の捷径であり、最も普遍的に誰でもが手のつけやすい、しかも効果のある書写行（ぎょう）であることを申し上げておきたいと思います。

ところで、写経のありがたさを知りながら写経をしない人が沢山あります。せっかく志されていながら躊躇（ちゅうちょ）される人が多いのは、たいてい「自分は字が下手だから」というのが理由です。しかし、写経は、字が下手でも真心（まごころ）さえこもっていればよいのです。また、どれだけ書かねばならぬというものでもありません。一日に一行でも十行でもよろしい。真心さえこもっていれば、その字は一字ずつ仏になってゆくのであります。そして、一巻書き上げてから振り返ってみますと、どういう感じがしますか。一見して字はあちらこちらへ歪んでいて嫌になるでしょうが、それはそれとして、もう一度見直してみますと、今度は、よくまあこれだけ書けたものだと、自分ながら感心します。今まで到底かけないとあきらめていたのが書けたのですから、喜びが必ず湧いてきます。こうして十巻も書いたとき、最初のものと比べてごらんなさい。前よりも大部そろってきたし、字も知らず識（し）らずのうちに手本にどこか似てきたことが看取されます。これを百回もつづけますと、自分でも驚くほどに字が上手になっていることに気がつきます。私はこれが現実に目に見得る「写経の功徳（くどく）」であり、無形の財宝であると思います。

二　感謝の生活

われわれ日本人の伝統的美風というのは崇祖の観念であります。すなわち「親があってこそ自分はこうして生きているのだ」という父母に対する感謝の心で、これが延いては先祖にも通うわけであります。感謝は、現在の自分に満足する悦びから自然に湧き出る心でありまして、誰もが感謝の生活をしていたら世の中は無事平穏で、今日のような労働争議とかストは起こらないですむと思います。大覚寺の全宜和上の書かれた本の中に、「一蛇首尾の争い」という次のようなお話が載せてあります。

むかし、蛇のシッポが頭に向かってプリプリしながら言った。「頭のヤツ、先頭に立っていて、御馳走は真っ先きに食べるし、面白いことがあれば真っ先きに見る。おれはいつもビリにいるなんて、こんな分の悪いことはない」と。すると頭は「シッポさん、お前の言い分はよくわかるけれど、お前さんには目がないじゃないか。歩こうにも方角が立たないから第一危いよ」と言った。シッポは「頭のヤツ、うまいことを言って、おれを欺そうとするが、そうは欺されんぞ」「民主的に公平にやらなきゃ、おれは嫌だ」といって、近くの木にぐるぐると巻きついて、ストを起こした。そこで頭はやむなく「そんなに言うなら仕方がないから、一日交代に先頭になることにしよう」と決めた。シッポは、大張り切り、大変な勢いで先頭になって歩き出し、後へ後へと動き廻った蛇は、ついに千仞の谷へ落ちて、頭も尾も共に死んでしまった。

これは譬喩因縁経に説かれていることでありますが、道徳心の薄らいだ現代の社会をよく諷刺していると思います。ここにいう感謝は、貧乏に満足せよというのではありません。「下を見て暮らせ」という処世の意味であります。満足から生ずる感謝の心があれば、悪いことをしでかすことはありません。これが社会人として生きる正道であり、この純真な人間性と謙虚な心は、次の幸福を受け入れる形態を整えることでありまして、信仰を求め向上を望む人の第一に心がけねばならぬことであります。

日本の家庭には、特殊の家でない限り、神棚もあり仏壇もありましょう。朝起きると、これに手を合わす。温かいご飯を炊いたら、まずここに供えてから一家そろって食事をする。これが日本の家庭であります。では何故に神と仏とを別に祭るのかといいますと、神は遠つ祖であり、仏は近い先祖であります。われわれの身体を造っている血液は、遠つ祖から脈々と伝わっているのでありますから、家の内に神仏を祭祀するのは当然のことで、これが綿々と伝わって、今日の楽しい一家の基礎となっているのであります。思い出すさえ身の毛のよだつ、あの大東亜戦で果敢な突撃の勇士が、最後に「おかアさん」と口走って死についたということを聞きまして涙の出る思いでしたが、なぜ「お母さん」といって「お父さん」といわなかったのかということを考えてみましたが、それだけ母から受ける教えは大きいということがわかりました。私が或る写経会で妊娠五ヵ月という婦人が熱心に写経しておられるのに気がついて、「貴女はしんどいでしょう」と慰めてあげましたら、「いえ、私は育ってゆく胎児に妊娠中の母体の行動なり精神的なものが、いかに影響するかを考え、写経すれば胎児の教育になりはせぬかと思いまして……」といわれました。私は胎教ということを、ここで教えられましたが、この勇士の言葉はすなわち二十数年間育まれた母の愛が言わしめたのであって、遠い異国の空にあっても、母性愛は通っていたのであります。だから出征に当たって、神に武運長久を祈るのも、千人針を縫って贈るのも、多数の先祖に自分のうしろだてとなって大きな力をあたえて下さいと頼む真心のほかに何がありましょう。「神風」という言葉も戦争語として今日では一笑に付せられそうですが、これも萬葉の昔から詠まれている言葉でありまして、写経の願文にも使用されております。伊勢の国に鎮もります遠つ祖（国家）の神威を尊崇して、この神国に吹く風は、良きにつけ悪しきにつけて、これを神風といったのであります。北条時宗が己の指血を絞って写経し、敵国降伏に決然と立った勇猛心は、もとより祖元禅師の精神的感化も大きかったのでありますが、国を挙げて行なわれた祈禱の力が後だてになったことは、史上有名であり、この時に起こった大暴風雨は、偶然であったかもしれませんが、七月廿九日には伊勢神宮にある風宮（かぜのみや）が鳴動したことを注進しておりますし、時も時、折も折、これを神の怒りとし、「神風」といったのに何ら不思議はありません。むしろ適切な言葉であって、日本国民はこぞって神に感謝したことでありましょう。

われわれが、何かを成就し、あるいは大きな幸福を得たときの悦（よろこ）びというものは、誰しも同じように感謝の気持に満たされるものであります。人から悦びをいわれると「有難う」と謝辞を言います。この謝辞の心こそ実に尊いのであります。しかし、口から出る謝辞は、相手によって、おのずから深浅軽重がありましょうが、言葉に出さない、もっともっと大きな「有難う」の心が、神仏に対する感謝報恩の心であります。われわれの先祖は、こうしたときに必ず感謝の写経をすることを忘れなかったのであります。

三　神と仏

　今日、古い寺の経蔵や博物館、美術館、あるいは市井(しせい)にある古写経の数は、とうていかぞえつくせるものではありませんが、これらを見ると、ほとんどが僧侶でない一般庶民の書写したものであるのに驚かされるのであります。そこで現代人から無縁の遺物とながめられている写経を、僧侶でないわれわれの先人が何故かくもたくさん書いたのか、何故に身を挺してまで写さなければならなかったのか、ということに思い至りますとき、はじめて、それが先人の生活と直結したものであったことが了解されるのであります。それは、とりもなおさず、仏教という伝統的信仰が、千三百年来、わが国の指導精神となって、根強くわれわれの先祖の生活を支配していたからであります。

　元来、わが国の固有思想は敬神であり、神祇(しんぎ)の信仰であるのに、なぜ仏教がそのように成長していったかを考えてみますと、もとより歴代皇室の加護があったからでもありますが、日本の国土が、これを成長させるのに最も適したところであったともいえるのであります。さらにいえば、仏教が神祇よりも合理的で、当時の民心を導くのに相応(ふさわ)しいものであったからだといってもさしつかえありません。

すなわち、われわれの遠い先祖は、風雨は神が降らして下さるものだと信じていましたから、これに適度の雨を乞うて、米作の豊年を祈りました。故に暴風・雷雨・地震・海嘯（つなみ）といった天変地異が起こりますと、それはひとえに神の怒りとして怖れ（おそれ）、その怒りの解けるようにとお祭りをしたのでありますが、仏教はそのように民心に恐怖の念を抱かせるものではありませんでした。およそ仏教では、五明（ごみょう）といって五種の学びの道があります。すなわち、真理を究（きわ）めることを内明（ないみょう）と言い、病因を知り治療することを医方明（いほうみょう）と言い、言語・文法・音律を学ぶことを声明（しょうみょう）と言い、論理を究めることを因明（いんみょう）といっております。これが神祇と根本的に異なるところであって、神祇の霊的であるのに対し、仏教は実践を伴った信仰であったからであります。なかでも医薬の方面は、庶民にとって必須のものであったに相違ありません。それを証拠だてるものは幾らもありますが、今日では古美術として観賞の対象になっている仏像の中に薬師像が多く見られます。薬師は「くすりし」と読むのが正しいので、一番古い法隆寺も、用明天皇が御病気平癒の祈願に建てられた寺であり、薬師寺もまた天武天皇が、皇后の病気平癒のために建てられたもので、共に薬師像を本尊に祀ってあります。多くの薬師像を見ますと、片手に薬壺（やっこ）を持って、片手は施（ほどこ）しの印相（いんぞう）をしておられます。これを見ましても、わが国の上代において受け入れられた仏教は、主として病気平癒の祈願を目的としていたものではないかと思われるのであります。

俗に「祈れくすれ」と申しますが、われわれが永いあいだ病気に苦しむときには、ただ医薬のみではいけません。薬を服するとともに、神仏に祈れというのであります。人間の生活で最も恐るべきものは病(やまい)であります。病気はわれわれの活動を止めるばかりでなく、いろいろの楽しみをなくしてしまいます。この恐るべき病気を治してくれるという仏教を信じて、帰依するものが多くなっていったのは当然のことであります。そればかりではなく、仏教では、仏像を信仰の対象としていますので、当時の人々に少なからず美的印象を与えたでありましょうし、さらには、これを讃仰(さんごう)し朗唱する声明(しょうみょう)が、一種の声楽として、彼らを法悦境に誘導するのに、与(あずか)って力となったことは当然考えられるのであります。これに比べますと、日本古来の神というものは、何時、どこに現われるか、予想だもつかない天災地異の恐怖から崇拝されたものでありましたから、仏教とはよほど異質的なものであったに相違ありません。

法隆寺　薬師如来像

元来仏教は、インドの婆羅門教の秘密的、種族的なものを打破して、新しい世界的宗教を起こしたのでありますから、排他的なものではなく、包容的なものであります。ですから中国におきましても儒教や道教と巧みに調和し、わが国にまいりましても「神ながらの道」を決して排斥しませんでした。排斥しなかったばかりでなく、かえって、これを自家薬籠中のものとして、新しい日本的仏教を組織したのであります。言葉を換えて申せば、神と仏とが、いつの間にか習合しまして、日本精神をつくりあげたといってもよいのであります。

四　神仏混淆ということ

神仏混淆は六世紀以降、明治維新に至るまで、わが国史を通じて一貫した思想であります。これを身近な例で申しますと、前に述べましたように仏教は外来の思想でありまして、いうならば、神という日本の男性のところに中国からお嫁に来たようなものであります。そのお嫁入り道具は、国のために役立つ種々の新しいものばかりでありました。来た当時は、姑や小姑がいて、さんざんいじめられもしましたが、理解ある父親たちに護られて、ようやく自分の存在が認められるようになりました。しかし、自分は他国から来た者であるという考えから、決して神を粗末にはしませんでした。神の土地に自分の住居（寺）を建てるにも、必ず神を祭祀して、その土民の心に不快な感じを抱かしめないように気を使いました。そればかりでなく、病気にかかれば薬を施してやり、同時に寺の本尊仏を礼拝させ、また、彼らの生活のあらゆる面に福音をもたらすための祈禱もしてやりました。このように仏教は、従来の神罰とか祟りを恐れてばかりいた民心に、一つの明るい光明を与えました。そのため、お嫁さんは良いお方だ、親切なお方だということになって、仏教を信仰する者が次第に多くなっていったのであります。こうして、お嫁さんが姑舅のご機嫌をとり、歓心を買って、自分の地歩を確実にして来ますと、次第に主人よりも存在が大きくなりまして、今度は男女同権を称え出しました。それは、仏菩薩が教化のため迹をこの地に垂れて神という名で化現するのだという、すなわち神仏習合、本地垂迹の思想を生んだのであります。これが成長してまいりますと、いよいよ威力を発揮して、古来の神祇、すなわち天つ神・国つ神など日本の八百万神と仏教界における神、すなわち諸天善神とを混同して、神も仏に帰依し、仏法に奉仕するものを守護すると仏の前に誓ったものであると説教して回り、ついに神仏顛倒の感が濃厚になって来ました。その結果、武神としての八幡宮に僧形をした神像が現われ、「八幡大菩薩」となり、また文神としての天満宮は「南無天満在自在天神」という仏の名号で信仰されるようになりました。さらに時代が下りますと、これに儒教が加わって、神・儒・仏の三教和合の思想となりますが、夫婦の中へ他人が一人入って来ますと、どうもうまくゆかないのが家庭であります。こんどは儒教が仏教を異端邪説だと言い出しました。江戸時代になって、切支丹排教にからんで「宗門請合」というものができまして、日本臣民は仏教のいずれかの宗派の寺に属していないと切支丹教徒と見なすというお触れによって、全国の各寺院は、それぞれ人民の戸籍を受け持つことになり、お寺の坊さんは役人同様の仕事をしなければならなくなりました。そのため、所属内における葬儀や法要を勤めることに寧日もないありさまでありましたから、学問とか教化ということは手薄になってしまいました。これが今日の檀家寺であります。

僧侶が戸籍支配権をあたえられ、政治的なことにたずさわると、仏教が堕落するのは当然でありまして、明治維新の大政奉還とともに、その反動として起こったのが廃仏毀釈であります。ここにおいて神と仏とは、長い間の夫婦生活を清算して今の姿となったわけであります。それからおよそ百年近くも経過した今日の若い人たちが、日本の神と仏とは一身同体であると聞かされると、不思議に思うのも無理のないことであろうと思います。

東大寺の手向山八幡宮や興福寺の春日神社のように、地方においても神社と寺院とは、たがいに密接な関係にありましたので、大きな神社には、禰宜（神官）のほかに社僧が別居して法味を捧げていたのであります。現に法然院にある一切経は、永久年間、松尾神社の神主秦親任が願主となって、一族の無事長遠を祈った写経で、四千巻ほどあります（26頁図版参照）。また、かの弘安四年蒙古襲来のとき、亀山上皇には男山八幡に祈願をこめられました。その殉国の御製に

この世には消ゆべき法のともし火を身にかへてこそ光り照らさめ
世の為めに身をば惜しまぬ心とも荒ぶる神は照らし見るらん

とあるのを拝見しましても、渾然一致の思想であったことが窺われます。このような史的変遷を見てゆくと、その盛衰にはただならぬものがありますが、神祇はわれわれ日本人にとっ

ては父であり、仏教は母に相当するものであるといえましょう。どちらを重視し、どちらを軽視するというものではありません。

松尾神社神主、秦親任の写経

以上のようなわけで、わが国の文化は、わが国固有の神祇が経となり、仏教や儒教などの外来のものが緯となって、発達して来たのでありまして、中でも仏教の影響するところは広大無辺であり、一つとしてそのお陰をこうむらないものはないといっても過言ではありません。

よい子を育てるには父厳母慈でなければならぬとは、昔から言われています。大阪には昔から「饅頭食い」という人形があります。この人形は、いと鬢を残した三歳ぐらいの子供で、饅頭を割って両手に持っている姿なのです。どういうところからこの人形ができたかと申しますと、遊んでいた可愛い子供に、或る人が「あんた、お父ちゃんとお母ちゃんと、どちらが好き？」と聞きましたところ、持っていたお饅頭を真二つに割って見せたという話からできたもので、よい教訓であります。

私はくりかえして申します。われわれの日本人にとって神仏は父母同然であると。

魚籃観音

むかし、仏法のありがたさを知らない郷に、天人のような美女が、籃に魚、海老、貝などを入れて売り歩いていた。人々は競ってこれを求め、日を経て若者たちは挙ってこの美女を妻にしたいと申し入れた。そこで美女は普門品（法華経の中の観世音菩薩普門品のこと）を一夜で暗んじたものに嫁すといったところ、若者たちは互いに励んで、翌日には暗んずる者十数人に及んだ。そこでまた美女は、法華経全部を暗んじたものに嫁すと答えたところ、三日三晩にして一人の若者が、ようやくこれを暗んじた。約束によって御堂で婚礼となったが、新婦が部屋から出ないので、人々が戸を開けると、そこには黄金の尊像があった。これを魚籃観音と呼び、一郷の人々が皆仏法に帰依して、現当二世の利益を得たという。

(四天王寺魚籃観音の由来より)

五　信仰と信念

信仰とは霊的発動である、と一言に片付けてしまいましても、その霊的発動とはどんなことかということになりますと、わかったようで、わからない人も相当におありのことと思います。そのため迷信に深入りする人も少なくないようです。専門的なことはわかりませんが、身近な例で申しますと、神仏は絶対のもので、大盤石のような揺ぎのないもの、それに対して、われわれ人間の身体は一枚の紙にも等しい存在であります。雨に遭えば解け、火に遭えば焼ける、風に遭えば破れるといったように、まことにはかない身命であります。ただ人間には霊（良心）というものがあるところが普通の紙とちがうのであります。この霊の働きによって運命は左右されるのではありますまいか。一枚の紙でも使い方によっては、神前の御幣ともなれば、また、ただの落とし紙ともなります。神や仏は目に見えない存在ですが、われわれはこれを偶像に托して信仰しているのであります。神は風・火・水のいずれにも動じないから、このはかない命の紙をいつまでも損じないでおこうと思えば、この大盤石に身を任せるよりほかはないのであります。

すなわち、その紙を岩に貼りつけようとする自発的な要求が信仰の芽生えであります。ところが、同じ貼りつけるにしても、方法は幾つもあります。水に濡らして貼れば岩の凹凸にもぴったりと添うて一番よくくっつきますが、日光に当たって乾けば、どこからとなくめくれて来ます。これでは、うわべだけの信仰で、神前に手を合わせて拝んだくらいのものであります。もしこの紙に糊つけでもして貼ると、より永く保つことができましょう。さらに永久的にとれない方法も他にあるはずであります。要するに信仰とは、岩に紙を貼りつける度合によって、その浅深がわかるわけであります。

　大阪の上本町四丁目から心斎橋へ抜ける東西の通りがあります。その道路の真中に、楠の大木が洞になったまま、七五三縄をもって大小の鳥居が縛りつけてあって、アスファルトの路はそれを避けて、左右を車が目まぐるしいほど忙しく走っております。これは、もと南側の寺内に祀られてあった「はやり神様」であったのですが、市が買収して道路にしたとき、工事に当たった者の中で、これに鶴嘴を当てようとした者が病気になったとかで、これを取り除ける者が誰もなかったので、そのままにしたということであります。樹齢に対して崇拝の念を起こすのは自然でありますが、昔から楠の洞は清浄ですから蛇が冬眠するのであります。それが暖かくなると出て来るのですが、その白い蛇を見ると「神の使い」で、金に縁があるという迷信から祠を造って祀るという習慣があります。この洞もそうした理由で、街中にさらされるまでは、この土地の人たちの信仰の対象であったに相違ありません。

　それから、これは自分の体験でありますが、大東亜戦争最中の昭和十九年のことであります。私は十四人の社中と富士登山をいたしました。いずこも物資は不足していましたし、バスも徴用されていたので、大宮口から登りました。ほとんど女性でありましたから、予定の八合目までは登れないで、その日は五合半の石室に仮眠することにしました。そこには「日蓮上人之遺跡」という標識があったのを記憶しています。まだ夕陽もあるので、宝永山の火口を見に三人で出かけました。よく晴れていたので、擂鉢のような火口を手にとるようにはっきり見ることができました。見ているうちに下手からこの火口へ「ガス」が吸い込まれるように流れ込んで、またたく間にこの火口を埋めてしまいました。仕方がないから、もう帰ろうと思って、その一ぱいに火口を埋めたガス（靄）を見上げますと、私の影が白い靄の中にはっきり映っているではありませんか。そればかりではなく、凝視していると、私の頭影には円い光背がついていました。これは不思議だ、眼のせいではないかと思って、いろいろにして見ましたが、いよいよ明瞭になって来ます。私はその瞬間、ひそかに自分は写経しているおかげで心が菩薩になったような感じがしました。でも、もっと確かめようと思って、側にいた女性に、「貴女ね、僕の影をじっと見て下さい。仏様のように光背がついているでしょう」というと、「本当ですね先生、アッ、私のもありますよ」という。傍から強力が、これは貴方はお蔭を受けられたのですよ、私は永年この山を皆さんのお供して登りますが、こんなことは初めてです。私も今日はお陰を蒙りましたという。この時、私はふと思いました。日蓮上人が駿河に留錫されていたとき、ここまで登山されたのだなと、そして私達が今見た幻影を感得され、自ら仏になったという自信を抱かれたに相違ないと。私がもし一人でこれを見ていたら、かく信じて下山のあかつきは仏門に入っていたかもしれません。とにかく、いろいろなことを見、いろいろなことを聞き、自らも体験いたしますと、そこに霊的発動と申しますか、自然に信仰の心が芽生えてくるものであります。

再び法然上人のお歌を掲げさせていただきます。

月かげのいたらぬ里はなけれどもながむる人の心にぞ澄む

このお歌は、何べん口すさんでも倦(あ)きません。真理を詠(よ)まれているので、詠めば詠むほど心が清らかになり、味わえば味わうほど深味があり、はてしない尊さを感じます。われわれが深夜に隈(くま)なく冴(さ)え渡る月をながめましても、おのずから心が清々といたします。故に昔から、文人墨客がこれを見ながら清談を交わし、詩歌を作り、あるいは朗らかに歌い、愛(め)で賞して来たのであります。これは今日でも変りはありません。

ところが、先般アポロ十一号が打ち上げられて、その月の世界へ地球から人間が到着したのですから驚くほかはありません。科学の進歩の恐ろしさ、人類の偉大さの量(はか)り知るべくもないことが、全世界に知れわたったのであります。昨日まで人間の侵すことのできない神秘な存在であった月の正体は、冷却した一個の天体にすぎないものであるということが、この実験によって証明されたわけであります。しかしながら、この実験によって、われわれの月に対する神秘的観念が薄らいでゆくものとは考えられません。もとより「ながむる人の心にぞ澄む」のでありまして、科学万能の人には、あるいはつまらないことだと思われるかもしれませんが、人間の生活というものは、そんなに簡単な無味乾燥なものではありません。

われわれの見る月光は、太陽の反射であることは、現代の人は誰だって知っております。また地球は自転しながら太陽の周囲を回っていることもよくわかっていて、感覚の上では、現に太陽も月も東より出て西に入るという、その万世変らない事象にしたがって、われわれの営みは行なわれているのであります。したがって、その正体がどうあろうと、その作用がわれわれの心を清らかにする鏡のような、崇高な感じをあたえてくれるものであるという現実には、誰しも異存はなかろうと思います。ここに信仰の源泉があるのであります。

俗に「病は気から」と言いますが、気の持ちようで病気は重くもなりますし癒えもいたします。これは室町時代のことでありますが、写経の文字を護摩符として服用することが流行しました。後崇光院の日記を見ますと、風邪気があるので良明房に加持をさせ、弘法大師の写経を水で濯って呑まれたらしく、「但聊軽分也」とあります（応永廿三年九月廿二日及廿四年六月十九日）。これは写経の文字は一字一字皆仏であるという信念を植え付けられたものでありまして、殊に古い伝統を尊信するものにそうした傾向が強いようであります。今日でも、関東の慈光寺にある小水麿の願経は、土地の人が断巻を秘蔵して、罹病の時は符の如く一字ずつ服する習慣が伝わっています。それかあらぬか、現存の弘法大師筆と伝える「過去現在因果経」という絵経（201頁図版参照）は、天平時代の書写でありますが、その巻四の断巻中に経文を三箇所四角に切り抜いた跡があります。私も不審に思って、これを調べて見ますと、「眼」の字が一字と「耳」の字が二字であります。後崇光院の日記を読んではじめて、ああこれだなと思ったことであります。これは恐らく眼病の人、耳がだんだん遠くなってゆく人が護符に呑んだものであろうと思います。写経の文字を神聖化することは結構でありますが、あまり凝って来ると迷信におちいりやすいものです。しかし、それで本人が病気が癒ると信じて安堵するとすれば、禁じさせるほどのことでもありますまい。とにかく現代の人は、現代の知識の上に立って信仰というものを考えてゆけばよいのであります。

　昔から「かなわぬ時の神頼み」ということを申しますが、日本では一寸した小さな家を建てようとするときでも、必ず氏神の禰宜に来てもらって、お祓いをします。まして、大きな洋館を建てるとか、発電所だとかダムといった巨大な近代科学の粋を集め技術の尖端をゆくような工事でありましても、起工に先だって必ず修祓を行います。これは伝統的に日本人の心に伝わっている「神ながらの道」で、日本特有の思想のあらわれであるといえましょう。

　これは関電の重役さんの或る講演会の席上でのお話でしたが、黒部の第四発電所の建設工事中、大町トンネルの異常湧水という突発事故があったそうであります。深山と取り組んでの大工事なだけに、世界中の権威者の智慧を借りて対策を施しましたが、どうしても水を止めることができなかったそうです。そのうち竣工期もあやしくなるばかりでなく、会社もこれと運命を共にしなければならぬというところまで追いつめられてしまいました。重役さんたちは困り切って皆なげやりの気持ちになったとき、「かなわぬ時の神頼み」で、大山祇神社へ祈禱することに一決し、代表者三名が愛媛県の大三島へ参詣しました。三日目に帰阪して本社の社長に報告に来ていたとき、黒部の現場から「水が止まりました」という電話があったのであります。もとより湧水がそのようになる状態だったといえばそれまでですが、「思案なげ首」のあげく、山の神に祈ろうという発心(ほっしん)は科学で割り切れるものではないのであります。

いま一つ、これは戦時中のことです。私は郷里の岡山へ帰らなければならない用事ができまして、やっと切符を手に入れて列車に乗り込みましたが、もちろん車中は人と荷物で一ぱい、身動きもならぬありさまでした。防空頭巾(ずきん)を被って人の中へもぐり込んで、こごんでいましたが、列車が石の宝殿に着いたとき、けたたましい爆音がして敵機の空襲に遭(あ)いました。二機が交替に昇降して機関銃の狙い打ちですから、たまったものではありません。車掌の指令で外へ出なかったため貨物車と思われたものか、しばらくして飛び去りました。そのとき車内にいて聞く弾丸の音の物凄さといったら全く生地獄とでも言いましょうか、バラバラバラと雨霰(あられ)のように放射される弾丸で、おそらく車輛はもう蜂の巣のように穴だらけになってしまって、今にも流れ弾が車内へ飛び込んで来はしないかと、生きた心地もありませんでした。居合わせた傷病兵が四、五人、座席のシートを窓に当てて懸命に弾丸を防いでくれていましたが、どこからとなく「南無阿弥陀仏、南無阿弥陀仏」という称名の声がきこえる。それが放射の音がすると口々に皆が称え出している。蒲団を被って泣きわめいている者もある。この時の口を突いて出る「南無阿弥陀仏」は無意識のうちに自然に出た心の声であります。これによっても、日本精神は遠い昔から仏教によって育まれて来たものであることを、はっきり感じました。

　このように、常には信仰してない人でも、人生の行きづまりに直面し、四方八方手をつくしてもどうにもならず、身動きもできない状態に追い込められたときに、必ず起こる心が「神頼み」であります。

　われわれが、今何か仕事を仕遂げようと思えば、やれるという信念を持ってかからねばなりません。人がせよというからしているのだ、というような奴隷根性では、何事にも真剣味がなくなります。試験場に入っても、何でも出せ、やってのけるぞ、という自信をもって臨まなければ、気ばかりあせって失敗に終わるものです。それはちょうど、めくれた紙のように、電車が通ればあおられ、反対から自動車が来ればまたあおり返されるという風に、道路を彷徨しているようなものであります。これが何かに引っかかれば、そこに止まってしまいます。だから、その拠りどころを得ることが大切であります。それが神仏に近づく心でありましょう。そして、自分の背後にはいつも絶対不動の支えがあるのだと思うと、事に臨んで動じないから、いかなることでも成し遂げられるのであります。この信念を常に持続し得られるのが信仰の力でありまして、その心のつながりを形の上に現わしてゆくのが写経であります。言いかえれば、写経という浄業(じょうごう)は確固たる信念を養う書写行(ぎょう)であることを、記憶してほしいと思います。

六　清浄心

私は先年ロンドンへまいりましたとき、ウエストミンスター寺院に参拝しました。ここは英国代々の国王の戴冠式が行なわれる格式の高い教会であります。お祈りの広場には椅子がたくさん並んでいて、その通行路の下が有名人の墓になっていました。正面に向かって引力の発見者ニュートンの像がかかっており、その下が墓になっています。その通路に名前が彫刻されていて、毎日何百人何千人の人がそれを踏んで通るのですが、自分はその上を踏んで歩く気持ちにはどうしてもなれませんでした。何かしらその下に大学者ニュートンの霊が感じられて、手を合わせこそすれ、そこを足で踏む気にはなれません。これが洋の東西に育つ人類の思想の相違で仕方がないと申すものでしょうか。明治の或る外交官が帰国して、伊勢神宮へ報告のため参拝したとき几帳をステッキで除けたというので不敬罪に問われたとか聞いていますが、日本人は日本人らしく、昔ながらの風習にしたがってゆくところに、矛盾を来たさないよさと品位があるのであります。

何事のおはしますかは知らねどもかたじけなさに涙こぼるる

これは西行法師が伊勢の大神へ参詣し、神前に立ったときの詠であります。一般に日本人は潔癖だといわれていますが、それは、清浄無垢の権化としての神仏を崇拝する心から自然に感化されるのであります。元正天皇の神亀二年の詔にも「神を敬い、仏を尊ぶには、清浄を先と為す」とあります。われわれが一度伊勢へお詣りし、神橋を渡って白砂利を踏むと、誰しも神秘に心が打たれます。たとえ観光気分で参っても、ひとたび神橋を渡れば、おのずから身心が引きしまってまいります。それは清浄さに誘われるからであります。もっと手近なことをとってみますと、これは日本人の皆が皆というわけではないのですが、仮りにご不浄に行って手を洗って、その足でただちにお宮詣りをするといたしましても、神社には神社で、境内に必ず御手洗があり、清らかな水が滾々と流れ出ていて、これで口を嗽ぐようになっています。実際は今、家の手洗鉢できれいに手を洗って、不浄は拭い去ってから詣ったのですが、といって、そのまま神前に手を合わす気にはなれないでしょう。やはり「みたらし」に嗽いでからでないと、心から清らかになった気持ちになれません。これが日本人の「浄」に対する観念ではないでしょうか。唐の道林禅師が詩人白楽天との問答にも、「自らその心を清くせよ、それが諸仏の教えである」といっておられます。己れの信仰によってする写経には、何か神仏にかける願いごとがあってするものもあり、精神修養のために処世法としてするものもあります。そのいずれにしましても、写経するときの心には一点の邪念もないはずであります。あたかも神前に額ずいたときと同じで、この時の透徹した清浄心が神仏に通ずる一本道であります。天平時代の写経生に見ましても、写経所に出仕しては、身に浄衣を纏い、食物を吟味し、当番によって終日礼拝を続けながら、これに当たったのであります。また寺院、自家においてする場合でも、一室に籠って心魂を傾倒し、一切の妄想を避けて書写に従事しています。『日本霊異記』という本には、写経生に淫らな行為があったので、ただちに仏罰をこうむったことが記されておりますが、これは六塵を誡めたものであります。六塵とは、色・声・香・味・触・法の六境が、眼・耳・鼻・舌・身・意の六根を通じて身体に入り、煩悩の働きによって真性を汚穢することをいったもので、つまり邪念を去ることであります。

われわれが一日の業務に就いていることは尊いのですが、その一日の間には雑多な汚れが伴います。なかでも最も大きな汚れは精神的な埃であります。それらの汚れを拭い落とすには写経が一番よいのです。一日の埃は一時間の写経できれいに拭い去られてしまいます。写経は清浄心を養う浄業でありますから、一字書いても二字書いても、あるいは一行書いても十行書いても、書くということには変りはありません。その幾分間に保たれる清浄な心が尊いのであります。故に、一行よりも五行、五行よりも十行という風に、清澄な心を少しでもながく持続することに努めるべきであります。こうして養われた心で明日の業務に就き、人に接すると、相手にどんなに快い感じをあたえるでありましょうか。心に不浄を抱いている人の顔と、この清浄な純真な人の顔とが、どれだけ異なったものであるかを思い浮かべてみても、合点のゆくことでありましょう。この意味から、写経は一日の心の塵を払う修行であると共に、応接対談の秘訣でもあるのであります。これは前に申しました現代的な考え方では割り切れない大きな利益であります。

斎食ということも、清浄の心から起こるもので、俗に「お精進をする」といって、或る期間中、肉食をしないとか、生臭いものを食べないとか、好物を断つことであります。「そんな馬鹿げたことをしないでも」と思う人がありましょう。事実、健康上から考えても、確かに充分な栄養がとれないので、身体のためによくないことは明らかでありますから、別に強いるべきではありませんが、しかし、そのくらいの苦痛が忍べないようでは、清浄心は得られないという意味なのであります。大和吉野郡の運川寺にある大般若経六百巻は、正平十四年五月から書きはじめて、六ヵ年間かかって書いた一筆経でありますが、雲祥という南朝方の傑僧が、龍門の牧堯観の城内に立てこもって、書きつづけたもので、この経の中には南朝方の動勢を耳にするたびに、そのことを巻末に書きつけてありますので、史料的価値もあります。そのうちの巻三百四十五の奥書を見ますと「粥飯等はあるにまかせ、時々松葉をもって食となすのみ」とあります。ほとんど毎日お粥をすすって書き、その粥にもありつけない時には、松葉を噛んで書いたようであります。窮迫したありさまがしのばれますが、この辛酸をなめつつも写経を続けたその精神力は貴いものであります。要するに、一汁一菜の粗食に甘んじていられるだけの忍耐を養えということで、美食に馴れ、贅沢に流れると、わがままになって、何事も成し遂げられぬぞという戒めであります。だから、強いられなくとも写経行を積んでいる人には、たいした問題ではないのであります。しかし、これを行なってこそ、署名のところに「斎戒沐浴書之」とも書けるのであります。

〔和文の写経〕

藤原時代の法華経信仰から写経の上にも種々な相が現われましたが、その後、延書といって、経文を和文で書くことが流行しました。その起源を尋ねますとずいぶん古いようで、『簾中抄』によれば、天仁三年八月に女御の御自筆の仮名法華経を供養せられ、御八講が行なわれたとき、源信僧都が「日本国は誠に如来の金言と雖も唯仮名を以て書き奉るべき也」といったことを記してあり、また一条女院に奉った『法華即身成仏要記』の奥書には経祐が「此書者、一条女院、課二恵心僧都一可レ令レ注ヨ進法華即身成仏之所要之旨一依レ有レ宣、被レ書ヨ進之一、其後朝憲之時、和二仮名一、被レ進二于女院一、本有之、世以遍令二流布一云々」とありますから、和文の経典は源信より書き始められたものと見てよいと思います。左掲のものは、後伏見院が後深草院の御消息の紙背に御染筆になったものと伝えられています。

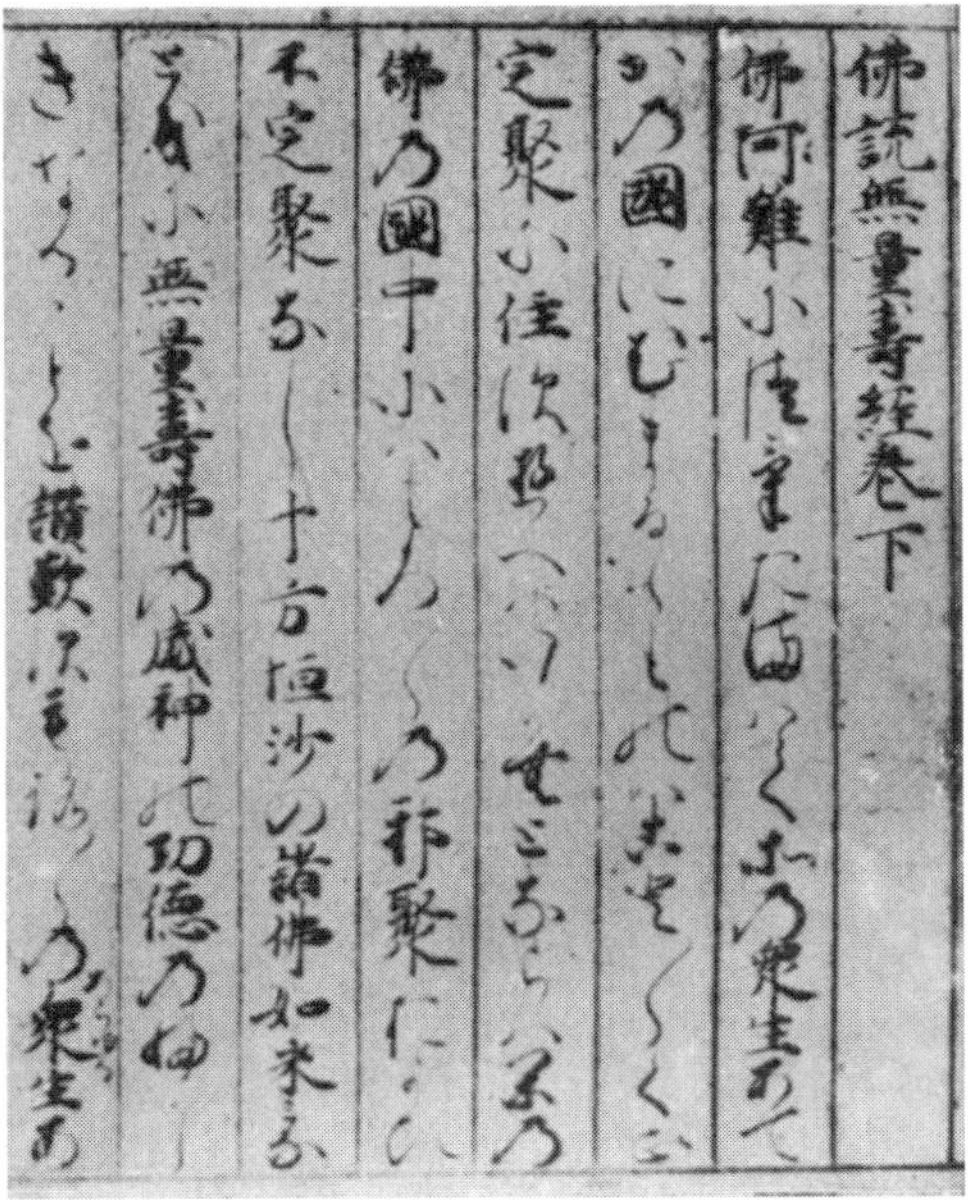

七　写経のはじまり

日本の写経は、仏教渡来後、間もなく行なわれたことと思われますが、なにぶん記録の残っていないことでもあり、もし行なわれたとしても、もちろん帰化僧の手によって始められたに相違ありません。正史に記されているものでは、七世紀の終りごろ、天武天皇の御即位に川原寺で一切経を書写したというのが初見であります。その後、奈良に都が移されてから、いよいよ盛んになり、官立の写経所も設けられて、ここで写経生を養成し、大部の経典書写が行なわれるようになりました。何といっても、この時代が日本写経の黄金時代でありますが、当時の写経は、仏教流通に伴う需要を充たすためでしたから、願主はあっても、自ら筆を執るのではなく、すべてを写経所にゆだねたので、手ずから経を書いて仏に奉仕するというのとは少し意味が違うのであります。

いまここに解こうとする写経は、上述のように自らの修養のため、あるいは願いをかけて書写するものであって、多くの人に勧めたい個人的な写経であります。それでは、その個人的写経というのは、何時ごろ誰が書きはじめたかと申しますと、これは、奈良朝の写経所が解散して、新都平安の地に天台、真言の二宗の法幢が新しくうちたてられたときであります。滅せんとしてなお絶えざるものは法燈であると申しますが、唐制の組織のもとになされた写経も、天平の余影は失いましたが、ここにまた新興の写経が芽生えて来ました。密教における儀軌・講式なども、その一つではありますが、これは真言秘密の師資相承のものでありますから、これらは瀉瓶の弟子が書写して他見を許さないものでありました。今一つ、ここに八宗兼学の日本天台において、慈覚大師円仁によって創められた如法経があります。

円仁は最澄付法の弟子で、延暦寺第三世座主、姓は壬生氏、下野国都賀郡の人、十五歳で叡山にのぼり、最澄にまみえて弟子となり、承和五年入唐し、開元寺より五台山を巡錫して天台宗の諸経疏を究め、同十四年に帰朝し、叡山に常行堂を建てて念仏三昧を行じた碩僧であります。この常行堂は般舟三昧経を所依の経典としましたので般舟三昧院とも言い、前唐院の傍に設けて念仏三昧の本拠としました。この法流が発展して後世の阿弥陀信仰の母体となったのであります。

伝記によれば、私かに誓うところがあって、四種三昧という天台の禅定法を行じ、かたわら法華経八巻を書写して小塔に入れ、首楞厳院の地に一院を建てて、如法堂と呼んだということであります。そして法華経の法師品に十種供養のことが説かれていますので、これと結びつけて、法の如く行なうところから、これを如法経といったのであります。この経の納められた如法堂は、その後、嘉祥元年（八四八年）には勅願によって五間檜皮葺の堂一宇と仏像の寄進があり、永延二年（九八七年）には、恵心僧都源信によって修覆が加えられ、堂内

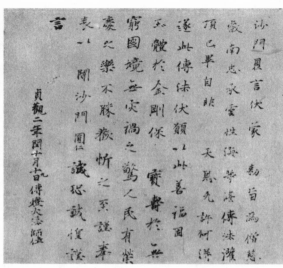

慈覚大師（円仁）の書

に白蓮華を造り、そこに多宝塔を安置して、この経が護持されたのであります。この根本如法経は、円仁の遺徳が高くなるにつれて次第に道俗の信仰を集め、延久五年（一〇七三年）には、良正が夢想のお告げによって、この経守護の三十番神を勧請するなど、叡山の横川は、いよいよ如法経信仰の中心地となったのであります。なお、天台宗では経を信行し弘布する人を五種法師と言い、中でも経文を書写する者を書写法師と呼んで尊敬しております。

　こうして慈覚大師によって創められた如法経の書写は、全国津々浦々に流伝し、横川にはその伝統を継いで経僧が組織され、近世までも伝えられていたようであります。

円仁の如法経のことは『叡岳要記』にも記されています。それによれば、天長六年（八二九年）三十六歳の時、首楞厳院に草庵を営み、庭に楮を植えて紙を漉かせ、天台法華懺法を読み、坐禅四種三昧の練行を修し、三年を経て同八年自ら草筆・石墨をもって一字三礼の法華経を書写し、九月十五日に法兄である天台座主義真を屈請して、十種供養を遂げたとあります。この大練行によって身は痩せ、視力はほとんど衰え、自ら命終の日を待っていた一夜、天人から薬をあたえられた夢を見て、日に日に快方に向かったと伝えられています。これをもってみても、円仁の写経は、奈良朝の写経とは全く異なった行法で、写経することによって仏音を至心に聞こうという仏教本然の写経行であったことがわかります。このことが天聴に達し、淳和天皇も随喜結縁のため、ここに臨幸あらせられ、道俗五百余人とありますから、盛大な写経供養が行なわれたようです。これが、そもそも叡山写経のはじまりであります。そして、これが後世に及ぼした信仰の力は実に大きいものでありました。弟子覚超の『如法堂霊異記』を見ますと、その後の皇室との関係がよくわかります。

長元四年（一〇三一）八月には上東門院が御自筆の如法経を納められた（覚超の銅筒記による）。

文治三年（一一八七）八月十四日には後白河法皇が宸筆（天子の自筆）の如法経を書写、九月に御登山奉納あり（道師登憲法印）。

弘長元年（一二六一）五月より上皇嵯峨亀山殿に於て如法経を始められ、六月十日十種供養、十二日如法堂に奉納あり（御経衆八口）。

同　三年（一二六三）上皇第二度如法経六月三日供養。

文永四年（一二六七）四月、上皇亀山殿に於て如法経あり、大宮女院はそのうち寿量品、薬王品を、大納言二位局は提婆品、普門品を、これに宸筆も加えられたとあるから、一品経である。これらは長元の上東門院の前蹤によられたものであろう。

このように歴代皇室よりの写経がたびたび奉納されておりますから、これが藤原時代の貴紳の間に流行して、願望達成の個人写経が行なわれました。思うに、当時の大宮人にとっては、文字を書くことによって浄土欣求が遂げられるということは、決して難行ではなく易行であったに相違ありません。そのため叡山の横川には書写法師のグループができ、洛中にも在俗の経師ができました。そして法華経に限らず、他経をも如法に書すようになり、それが、地方に及んでは、五穀豊穣の祈禱の具に供せられるというわけで、日本写経の盛行を見るに至ったのであります。

八　写経の方式

こうして写経が盛んになれば、自然そこに方式というものが備わり、一つの形式にとらわれるようになってきます。しかし、そうした形式を踏むことが仏への供養であると考えた当時の思想から、方式もまた時代とともに変遷を見るのであります。

当時の公卿日記の中から如法経の次第順を見ますと、次の如くなっています。

一、先方便

一七日三時に懺法を読み、この日から断酒、斎食をなす。清浄無垢の身心を養う。如法経手記には、初めての人は必ず行なうが、常行の人はこれは省略してもよいとある。

一、堂荘厳

法座を道場の中央に設け、内に法華経一部を安置し、上に天蓋をかけ、四隅に花瓶および燈明をささげ、法座の前には几を安じ、半畳の畳をしき、焼香、塗香、横に磬台を置き、僧衆座の傍には各経机の上に塗香、羅網、幡、花鬘などを安置して、場内を飾る。手を洗うには、香と澡豆を用意したようである。

堂荘厳

一、開白

啓白とも表白とも開啓ともいう。開始することを本尊に告げるのである。その日時は六斎日をもってする。

　六斎日というのは、毎月八日、十四日、十五日、廿三日、廿九日、三十日。この日は四天王が天下を按行(あんこう)して人の善悪を伺察する日であって、また悪鬼横行するという日だから、身を慎み心を清め、持戒すべき日であるとされていた。

一、如法懺法

法華経を読誦して罪障を懺悔する。「一心」の音で一斉に五体投地する。五体投地の礼法は、両膝を半畳の下につけ、両臂(ひじ)を半畳の上につけ、掌を開いて上に向けて額を掌の下方につける。立つ時は、左足をまず立てて、右手で畳を押して右足を立てる。これを「一心頂礼南無……」の声に合わせて続ける。

一、御料紙並水迎

これは廿七日のうちに迎える。礼拝の次に持幡人（じばんにん）立ち、次いで灑水（れいすい）・散華（さんげ）・焼香・大宝の順に行列して外陣を巡（めぐ）る。この時、竹筒に水漉洗紙（みずこしせんし）、料紙など用意する。讃歎の語を誦（じゅ）す。

八功徳永妙華池　諸有縁者悉同生
我今弟子付弥勒　龍花会中得解脱

一、筆立

前日に香を含めてある覆面をつけ、石墨を磨り、布を以て漉（こ）す。垂らして鉢に入れ、糟（かす）を取る。これを繰り返して鉢に入れておく。名浄衣を著（つ）けて、含香覆面、手袋などを用意し、調巻（ちょうかん）の料紙は野老（ところ）の若草の根を以て継紙（つぎがみ）をす。調巻の後、写経筥（ばこ）に納め、筥の外に本経を副え、筥毎に各々紙を以て包み、第一、第二と明記して宝座に奉安す。同日寅（とら）の刻（こく）、衆僧沐浴、浄衣を着して著座。

分経に次いで発願文（ほつがんもん）を唱す。

至心発願　唯願釈迦　多宝分身　一切諸仏　普賢文殊
諸大菩薩　身子目連　諸賢聖衆　尽空法界　一切三宝

還念本誓　降臨道場　証知証識　我写経力　以此書写
一乗妙経　功徳威力　見仏聞法　証無生忍　得菩提記
復斯功徳　引導父母　七世恩所　出離悪道　往生極楽
乃至法界　平等利益

これは慈覚大師の御式詞でありますが、恵心僧都もこれと同じでありました。惟命（ゆいめい）の式は大同小異であったと記されています。

一、写経
含香覆面の上、硯（すずり）の蓋を取って墨を磨し、まず首題一行を書き畢（おわ）る。五体投地、礼拝（らいはい）三反（べん）して初行を書く。この時の作法によって三礼経となる。即ち、一字書く毎に三礼すれば一字三礼経となり、一行書く毎に三礼すれば一行三礼経となるわけである。だから一字一礼経にしようと思えば、一字書いては一礼すればよいので、その人によって自由である。ここで写経観念文を唱える（82頁参照）。

一、結願
結願（けちがん）は開白に対するもの、調巻を了して洗紙（せんし）を以てこれを包み、洗紙を細く切って十文字に緘（ふう）す。

四天王寺　愛染写経会

諸衆礼拝

南無大恩教主釈迦牟尼如来

七反（恵心式は廿一反）

南無証明法華多宝仏　七反

南無十方分身釈迦牟尼仏　七反

南無極楽化主阿弥陀仏　七反

南無十方三世一切諸仏　七反

南無平等大慧法華経　七反

南無普賢菩薩

南無文珠師利菩薩

南無観世音菩薩

南無弥勒菩薩

南無法華経中清浄衆会

一、十種供養

十種供養とは華香・瓔珞（ようらく）・抹（まっ）香（こう）・塗香・焼香・繒蓋（ぞうがい）・幢幡（どうばん）・衣服（えふく）・伎楽・合掌の十種を供養

することで、最も荘厳に行なわれるものであるが、ここには省略する。

それでは、その如法経を正式に行なうと、どのくらいの日時を要するものであるかと申しますと、ここに正和四年（一三一五年）三月五日に伏見天皇御落飾の時に行なわれた如法経を権中納言藤原実衡が記録した管見記がありますから、それを参考までに記しておきます。

日次事
前方便三月七日、正懺悔同十四日、御料紙幷水迎同廿二日、御筆立四月六日、筒奉納同十四日、十種供養十一日、御奉納同十二日、一部八幡臨幸、一部深草法華堂、同十四日一部首楞厳院臨幸。

となっています。これで見ますと、三月七日より四月十四日の奉日までは実に三十七日を要しているわけです。もっとも、これは最高の儀式をもって行なわれた紺紙金泥の法華経三部(廿四巻)、開結幷心経を加えれば三十三巻となるものですが、いずれにしても長日月をかけて行なわれています。

この儀式も藤原・鎌倉時代に定められたものでありますが、今日の叡山などの方式は略式とでもいうべきもので、如法経を比較的正しく伝えているのは鞍馬山の写経会（しゃきょうえ）であろうと思われます。

鞍馬の写経の最も古い記録は、保安元年九月の、大徳重怡上人等の十日間にわたる如法経書写であります。これは昭和六年より発掘された経塚の三百余の経筒銘によって知られたもので、当寺には古くより埋経の行なわれたことが窺(うかが)われます。如法経は必ずしも埋経を意味するものではありませんが、ここでは今なお七月の末から八月にかけて三日間、古式の伝統を守って行なわれています。

〔木筆経〕

写経には、木を砕いたり、草の根あるいは茎などを砕いて、写経したものもあります。これは筆に獣毛を用いているからというので埋経などにもまま見られます。

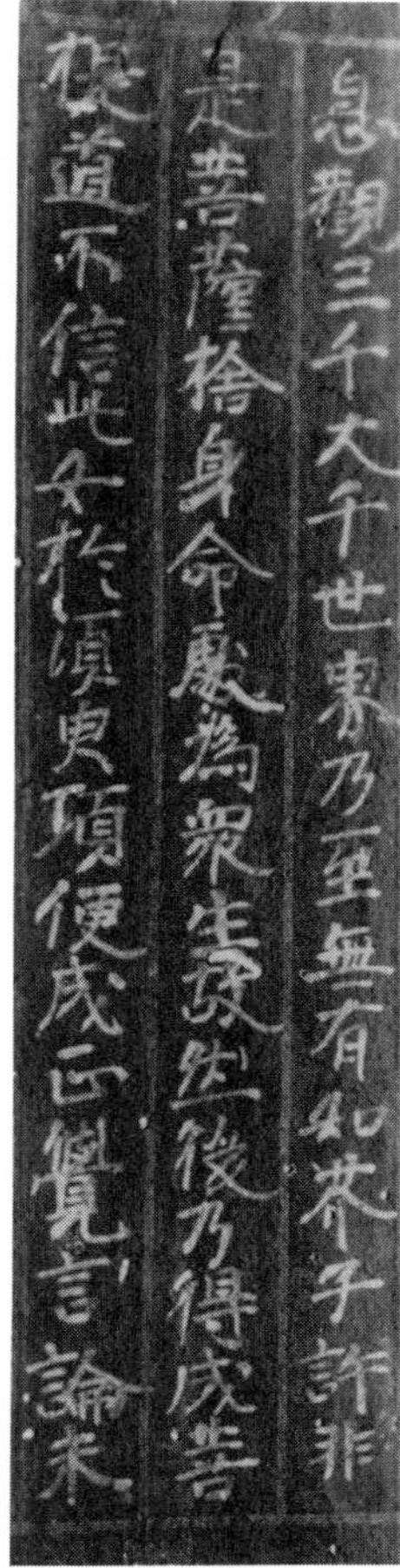
息觀三千大千世界乃至無有如芥子許非
是菩薩捨身命處為衆生故然後乃得成菩
提道不信此女於須臾頃便成正覺言論未

九　写経の作法

これは現在、叡山、鞍馬、四天王寺、大覚寺、唐招提寺、薬師寺などで定期的に行なわれているものでありますが、大体前条のものを根拠として作られたもののようであります。参考のために記しておきます。

礼法華経儀

先総礼　諸衆同時蹲踞置二華籠、香炉、扇展座具一着レ座塗香焼香整二威儀一調聲、磬一下誦二出一心頂礼一大衆同音、誦二十方等一起立体投レ地礼拝如レ常

一心頂礼同音　十方法界常住三宝　三礼

次供養文　焼香散華而後胡跪合掌唱レ之至二終句一起居一礼

願此香華雲同音　偏満十方界　供養一切仏

妙法蓮華経　菩薩声聞衆起立　受用作仏事　一礼

次讃歎　自同音起立唱畢一礼

稽首十方仏 同音起立 円満最上乗　本迹開二門
法喩談真秘　普使諸権小　悉証仏菩提
我今誓帰依　願超生死海　一礼讃歎已随意述誠応須礼三宝
次敬礼　一唱一礼五体投地毎句終磬一下
一心頂礼 同音 本師釈迦牟尼仏
一心頂礼〃過去多宝仏
一心頂礼〃十方分身釈迦牟尼仏
一心頂礼〃尽法華経中及十方三世一切諸仏
一心頂礼〃妙法蓮華経妙字法宝
一心頂礼〃妙法蓮華経法字法宝
一心頂礼〃妙法蓮華経蓮字法宝
一心頂礼〃妙法蓮華経華字法宝
一心頂礼〃妙法蓮華経経字法宝
一心頂礼〃尽法華経中及十方三世一切菩薩声聞縁覚得道賢聖僧
一心頂礼〃普賢菩薩摩訶薩
次懺悔　胡跪合掌畢磬一下
我今普為 同音 三恩四有、法界衆生、悉願断除、三障帰命、至心懺悔、同音 某甲与一切衆生、従無始来迷失真心、流転生死、六根罪障無量無辺、円妙仏乗、無以開解、一切所願、不得現前、我今礼敬、妙法蓮華経、以此善根、発露黒悪、過現未来、三業所造、無辺重罪、皆得消滅、身心清浄、惑障蠲徐、福智荘厳、浄因増長、自他行願、速得円成、願諸如来、常住説法、所有功徳、起随喜心、回向菩提、証常楽果、命終之日、正念現前、面奉弥陀、及諸聖衆、一刹那頃、生蓮華中、普願衆生、倶成仏道、懺悔発願、己帰命礼三宝　一礼

次十方念仏　取華籠起立毎南无散華

南無十方仏（同音）　南無十方法　南無十方僧

南無釈迦牟尼仏

南無多宝仏　南無十方分身釈迦牟尼仏

南無妙法蓮華経　南無文殊師利菩薩

南無普賢菩薩

次写経　静唱二写経観念文一磨レ墨写レ之

写経観念文（和文で後出）

水是大悲慈潤智水　墨又楞厳禅定石墨　定墨慧水和合　書二写実相法身文字一　此文字者三世諸仏甚深秘蔵　三身如来真実正体　禅定智慧法門自行化他功徳悉皆具足　以レ是此経文字　現二十界色身一随類説法利生

是故我今奉レ書二写此経一　願依二此功徳善根一　弟子与二法界衆生一　無始己来三業六根一切

罪障皆悉消滅　臨終正念往㆓生極楽㆒　見㆑仏聞㆑法証㆓無生忍㆒
　次三礼　五体投地礼拝如常
自帰依仏（同音）　当願衆生　躰解大道　発無上意
自帰依法　当願衆生　深入経蔵　智慧如海
自帰依僧　当願衆生　統理大衆　一切無礙
　　　　　　　　　　　　　　　和南聖衆
礼法華経儀　終

以上は大衆的で、寺院などにおいて可能な作法であります。

個人の場合は別に方式があるわけではありません。『明月記』によれば、歌人・藤原定家の写経態度がよくわかります。彼は自邸に僧侶を請（しょう）じて簡単な修法を行なっています。正治二年（一二〇〇年）二月二日の記に

沐浴洗髪了、参㆓釈迦堂㆒請㆓出執行阿闍梨㆒、自㆓今日㆒如㆑形可㆓懺法㆒由約束皈盧、女房帰㆑京了、秉燭之程執行阿闍梨相㆓具僧二口㆒来、始㆓懺法㆒如㆑形、供料下㆓知忠弘㆒始㆓写経㆒云々

とあります。懺法とは前の方式にも述べましたが、これは天台大師の法華三昧行法（ぎょうぼう）によっ

て、心性（しんしょう）の清浄を持するため、写経する前にこれを行なうのであります。「如形」とあるのは、前条の請僧の行法（ぎょうぼう）を思わしめますが、もとより個人の家に僧を請じて行なっているのですから、略法で行なわれたものでありましょう。

いうまでもなく藤原定家は、今日の二条家、冷泉家の祖であり、鎌倉時代の代表的歌人歌学者であり、彼の父俊成もまた『千載和歌集』の撰者であり、父子ともに和歌中興の祖として崇拝されている方でありますが、この親子の写経が不思議にも断片ではあるが、今日見ることができるのは嬉しいことです。両人の作歌に見るように、異なった性格がそのまま写経に表われています。どちらも書家ではありませんから、書として鑑賞すべきものではありませんが、個性の勝った文字で、よく人格があらわれています（209頁参照）。

ちなみに、定家はまことに孝心深い方であったらしく、『明月記』によれば、元久二年（一二〇五年）正月十一日は母の十三回忌にあたるので、仏師を呼んで地蔵菩薩の像を造らしめたり、千手観音の像を図絵せしめたりしています。この時は法華経一部を書いています。

一〇　十七字詰の解

写経は一行十七字詰に書くことが、古来からの約束になっています。この十七字の起源について調べてみましたが、異説区々であって、般若理趣経に「十七は清浄の本有を示す」とあるに拠ったものであると説く人もあり、あるいは、印度では三の数を尊び、三身、三体、三識の如く、術語がほとんど三という数に基調を置いており、日本では八の数を尊び、八百万神、千代八千代、大八洲などと申します。また中国では、九の数を尊び、九は奇数で陽、八は偶数で陰をあらわすというのが彼らの信仰であり、九と八とを合わせると十七になるが、これがすなわち陰陽天地一如を意味したものであるという説もあります。これについて山本禅登氏は次の如く解しておられます。

「漢訳の諸経典は、主として梵本の翻訳であり、その翻訳に際しては、原典の長行（散文）偈頌の区別は、厳密には言はれぬが、大体そのまゝ襲用せられてゐる。梵文の偈頌即ち伽陀は、その様式極めて複雑であって、一概には論ぜられない。そして、それら多種多様の伽陀が訳せらるゝ時に、訳経者はその表現に最も適当と考へる形式を採用したものと言ひ得よう。例を法華経にとるならば、原典にはアールヤ・トリシュトウブ・シュローカ等、大略六種を算する他、変格をも数多含むに拘はらず、羅什三蔵は之を四字と五字の二形式に摂めてゐる。漢訳偈頌は以上の三形式に限られてゐると言ふべきである。これら四字、五字或は七字が幾重かせられて一の伽陀が表現せられてゐるが、これとて必ずしも原典の様式には拠ってゐない。

さて経典が書写せらるゝに当り、文字の排列に特に注意して、その統一を図ることが必然的に要求せられてくる。此に於て、以上三種の偈頌の何れにも共通する文字の排列形式が、その使用する紙等の材料に応じて考究せられ、更に長行との区別を考慮に入れ、こゝに初めて一行十七字といふ体裁を生じたものであらう。即ち偈の字数を標準として、長行に及ぼしたものが、今日尚ほ踏襲せられてゐる一行十七字詰の制であると推察することができる。つまり、四字ならば四々十六字として一字空け、五字ならば三五十五字で二字を除き、七字ならば三字を省いて二七十四字となす如きである。」

右はいずれも傾聴すべき説でありますが、清浄の本有と言い、数の神秘というも、その拠って来たるところは何でありましょうか。私には陰陽五行思想にもとづくものと思われます。『管子』五行篇に、

「天道は九制を以てし、地理は八制を以てし、人道は六制を以てす。天を以て父となし、地を以て母となし、以て万物を開き以て一統に総ぶ。」

とあります。これは『楚辞』や『淮南子』にも示されており、天に九の数を有し、地に八の数を有するとする思想は、中国の古い時代から伝えられていますが、それは何をもって、かく制したかと言いますと、やはり陰陽思想から出たものとしか思われません。春秋緯書の『春秋元命苞』には、

陽数極干九、故三月一時九十日
陰数極干八、故人旁八幹長八寸

と見えています。このように九と八の両数は、陰陽の極を示したもので、天地の道に協うので、『管子』にも「万物を開き一統に総ぶ」るものと言ったのであろうと思います。わが国で、はじめてこの数を採用したのは、聖徳太子の『十七条憲法』であります。前述山本禅登氏の偈頌の配字の中で、五言偈は三句をもって一行とする説は、事実、現在の古写経に照らしますと誤りといわなければなりません。古写経は四言偈も五言偈も、ともに四句をもって一行としております。五言四句は二十字でありますから、書写上非常に窮屈を感じますが、

これをあえてしてあるところには何か拠るところがなくてはならぬのであります。天台六祖荊渓湛然（けいけいたんねん）の著という『金光明文句記（こんこうみょうもんぐき）』第三（会本六九右）に

古以二散説一十七字一為レ行、偈頌二等、四五言則四句為レ行、七言偈則二句為レ行、所レ以古師分レ経悉以二行数一。

とあります。湛然は建中三年（七八二年）に七十二歳で寂していますから、わが天平時代に当たる人であります。これによれば、五言もやはり四句を一行としたのは中国において定められたものであると確かに言えますし、事実、古写経はそのようになっていますから、前説の「五字ならば三五十五字で二字除き」というのは、古法ではありません。

念のため十七字詰について実見してみますと、北魏孝文帝の太和三年（四七九年）より西魏、梁、北周、隋に至る写経二十一点を検討しましたところ、北魏のもので、十七字を基調として十八字の混じるもの一巻、十六字の混じるもの二巻と、北周のもので二十一字から二十九字というものが一巻あり、都合四巻だけが不規則に書かれていて、あとの十七巻はみな十七字制を守っていることが明らかになりました。

およそ経典の翻訳に伴う書写には、そこにおのずからなる形式が生まれるのは当然の事であります。いま、伝訳史に目を注ぎますと、東晋の頃が古訳から旧訳への転向期となってい

まして、鳩摩羅什（くまらじゅう）の出るに及んで、名実ともに訳経の本領を発揮してまいります。すなわち、古訳時代は、いわば個人の仕事でありましたが、羅什の時は、皇帝自ら訳場に列し、国中の学者を動員して事に当たらしめています。したがって訳語、訳文、筆受などにその人を得て間然するところがなかったようです。『出三蔵記』には、彼の訳経を三十五部三百九十四巻と記していますから、写経十七字詰の制も、こうした公的浄業においてこそ約束されるものでありまして、おそらくは、これら訳経の浄書に当たって、上述の陰陽思想が織り込まれて十七字詰が規定されたものと考えられます。

たいへん堅苦しい話になりましたが、写経十七字詰ということが約束づけられて、完全に統一したのは初唐の頃でありますから、日本の古写経には、特殊なものでない限り、皆十七字が守られています。ずっと時代が下って、室町時代に書写されたものに二十字詰などのありますのは、版経（はんぎょう）の冊子本が伝わって来ましたので、これに影響されたのであります。版経は読むためにできたもので、写経とはいえません。

以上、写経の方式と十七字詰の制とを説明いたしましたが、もちろん法式がどんなに立派に行なわれても、書く精神が充実していなければ、写経としての価値はないのであります。それは、どんな立派な着物を着ていても、無智であったり、不誠実であったり、嘘（うそ）を言ったりするのであっては、価値のある人間とはいえないのと同じであります。しかし、逆に、あまり見すぼらしいなりをしていますと、人から見誤られるようなこともありますので、写経もある程度の書写上の形式を踏んで書かなければならぬものであると心得ておくのがよいようであります。

一一　写経の用度

さて個人で写経する場合は、極めて簡単な方法で、何時でも、誰でも、できるものを撰（えら）ぶべきであります。上述した種々雑多なむずかしい方式は、寺院などにおいて僧侶を集めて行なうもので、個人書写の場合に、そのまま適用することはもちろん不可能ですが、このようにして行なわれるものだということは、写経の知識として知っておいていただきたいのです。そして、そのなかでも、これは守らねばならぬと思われることは、なるべく適用すべきであります。では、私が常に行なっている要領を参考までに少しく書いておきましょう。

一、堂荘厳（しょうごん）の意味で、床に仏画か、あるいは古写経切（ぎれ）、または般若心経などの軸を掛けて、香を焚（た）きます。

一、写経する机には、手本となる版本経（肉筆でもよい）を置きます。肉筆古写を撰ぶ場合には、なるべく文字のよいものを、版本であれば十七字詰になったものを撰ぶことです。活字本よりも木版本の方がよいでしょう。私は法華経には天保再刻の慈海本を用いています。

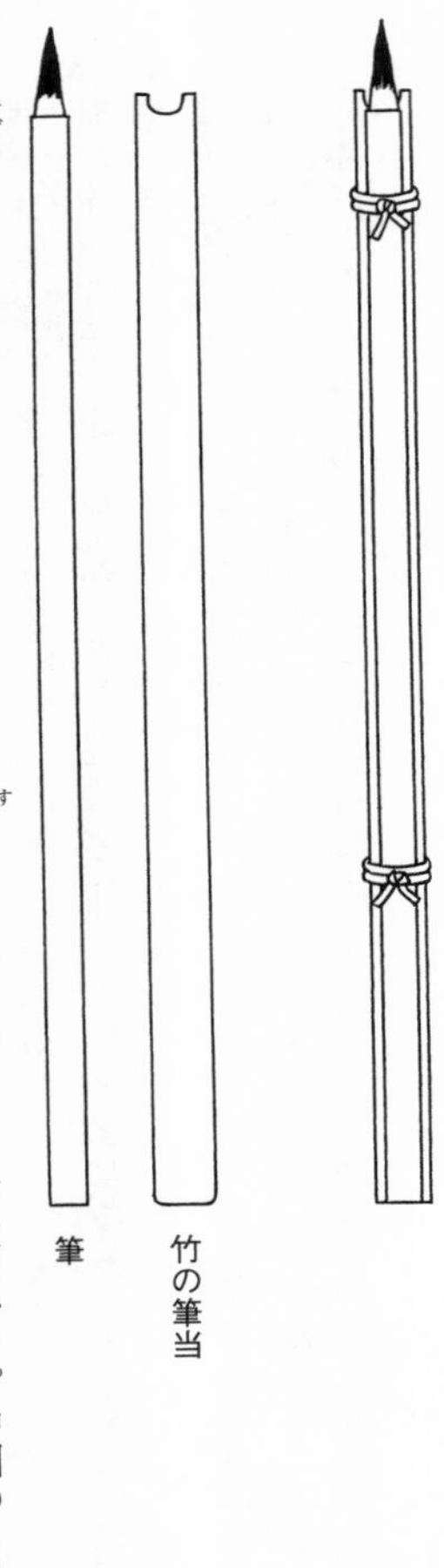

竹の筆当

筆

一、硯（すずり）は大きくなくてもよろしいから、よく磨（す）れるものを撰ぶことが大切です。中国のものでは端渓（たんけい）硯か歙州（きゅうじゅう）硯がよいと思います。端渓は肌が美しく、歙州はあらく見えますが、どちらもよく磨れます。国産では近年高知から出る蒼龍（そうりゅう）硯が使いよいようです。

一、墨は消耗品ではありますが、写経にはあまり多くを要しませんから、なるべくよいものを撰ぶのがよいと思います。唐墨よりも和墨の方がねばりませんから、細字には適しているように思います。私は古梅園の「写経墨」という寛保年製のものを使っていますが、これは一寸手に入りませんから、戦前に造った油煙墨であれば結構です。

一、筆は、あまり高価なものでなくてもよいのです。天平時代は写経にはもっぱら兎毛筆でした。今はその当時のようなものは得られませんから、使い馴れたものが一番よいでしょう。これから撰定する人に参考までに申しますと、穂が円くふくらんだ形のものよりも錐（きり）

のように鋭くなった形のものの方が書きよいようです。そして一度写経に使った筆は、他に使用しないことにして、用済みのうえは、直ちに反古紙に穂先の墨を拭きとっておくと固くなりませんから、次回にそのまま含墨しやすくて好都合です。

一、料紙。写経する紙は罫を施したものを使用します。紙質は楮紙系のものよりも斐紙系のもの、いずれも寒漉きが最もよろしい。罫は自分で引いてもよいのですが、今はたいていの材料店にあります。色の紙には銀罫が美しいのですが、銀や金は溶き方が一寸むつかしいので（これは78頁に記す）、薄墨をもって引きます。この時は竹を割って右の図の如きものを作り、これに面相筆を添わせて定規に当てて引くのですが、これも一寸熟練を要します。そこで罫の寸度ですが、古写経を見ても一定していません。

◆天平時代の代表的なものとして、五月一日経（光明皇后願経・70—71頁図版）を実測して見ますと、

黄紙（船載のもの）

一紙、長　一尺五寸六分（47㎝）内一分（3㎜）継代

高　八寸七分強（26㎝強）

罫高　六寸五分（20㎝）

巾　六分二厘（2㎝）

而得何以故舍利弗法應尒有菩薩爲諸衆
生示教利喜阿耨多羅三藐三菩提亦自於
中覺是人轉身應諸波羅蜜深經　亦不求
而得

小品經卷蓋 [illegible]

皇后藤原氏光明子奉爲
尊考贈正一位太政太臣府君尊

妣贈従一位橘氏太夫人敬寫一切
經論及律荘嚴既了伏願憑斯勝
因奉資冥助永庇菩提之樹長遊
般若之津又願上奉　聖朝恒延
福壽下及寮采共盡忠節又光明
子自發誓言弘濟沈淪勤除煩障
妙窮諸法早契菩提乃至傳燈無
窮流布天下聞名持巻獲福消災
一切迷方會歸覺路
天平十二年五月一日記

光明皇后願経（経文の最後の部分と奥書）

となっています。罫の高さは六寸五分で、下を一寸二分、上を一寸、空白にし（写紙の上下を見るとき余白の広い方が下であることは常に心得ておくこと）、これに六分二厘の罫巾で二十五行を施してあります。これが唐制による正式の寸度と見ればよいと思います。

◆藤原時代の代表的なものとして、中尊寺の清衡（きよひら）の一切経（73頁図版）を見ますと、紺紙に染めて金銀交書してあります。

一紙、長　一尺七寸三分（内継代一分強）二十八行

　高　八寸四分

銀罫高　六寸五分（余白上九分、下一寸）

銀罫巾　六分二厘五毛

これは奥州に覇を唱えた鎮守府将軍藤原清衡が、叡山の写経僧を招聘して天治三年頃に造顕したものでありますから、円仁如法経の伝燈を示すものといえます。

◆平源時代の無量義経写経（74頁図版）を計ると、これは斐紙で銀罫

一紙、長　一尺六寸三分（これは調巻の後に罫を施したもの）二十七行

　高　八寸四分

罫高　六寸五分（余白上九分、下一寸）

罫巾　六分二厘

中尊寺、清衡の一切経（金銀交書）

天龍夜叉乾闥婆阿修羅迦樓羅緊那羅摩
睺羅伽諸比丘比丘尼及優婆塞優婆夷俱
大轉輪王小轉輪王金輪銀輪諸輪之王國
王王子國臣國民國士國女國大長者各與
眷屬百千万數而自圍遶来詣佛所頭面礼
足遶百千迊燒香散華種種供養已退一面
坐其菩薩名曰文殊師利法王子大威德藏

平安末期の無量義経写経

この三時代のものを比較して見ますと、およそ罫の寸度が一致していることに気付きます。多少の増減はよいとして、大体これに標準をおいて罫を引けばよいのです。少し書きやすくと思えば、罫の高さを長くすることです。私の常に使用しているものは、罫高六寸九分に巾六分（20.9cm×1.8cm）の銀罫です。銀罫にしますと墨の黒い文字が引き立ちます。

一、**紙罫**：これは料紙の罫に当てて字数を誤らないためにするわけですから、初心の間だけ用いるようにしたいものです。

紙罫は本文用と偈文用との二枚を用意します。本文用のは料紙と同じ高さの原紙をもって料紙の罫の高さに当てて、これを十七字分に割り、横線を施すのです。一枚の広さは二行または三行の巾でよろしい、また偈文（げもん）用の紙罫は片面を四字偈、片面を五字偈に割っておきます。ただし、この方の料紙罫は上下の余白を同じにしておく必要があります。

正倉院にも、写経生の使用した下敷用の罫紙がありますが、それを見ますと、縦九寸四分、横一尺六寸五分（28.5cm×50cm）の紙に十八線が横に引かれていて、上より五線と六線の間、九線と十線の間、十三線と十四線との間に波状線を施して余白を示してありますので、これは四字偈に用いたものであることがわかります。そこで、これが料紙の縦罫の下になると、扁平な区劃ができるわけであります。しかし、この下敷は恐らく写経生の練習用の

十七字（本文用）

四字偈

五字偈

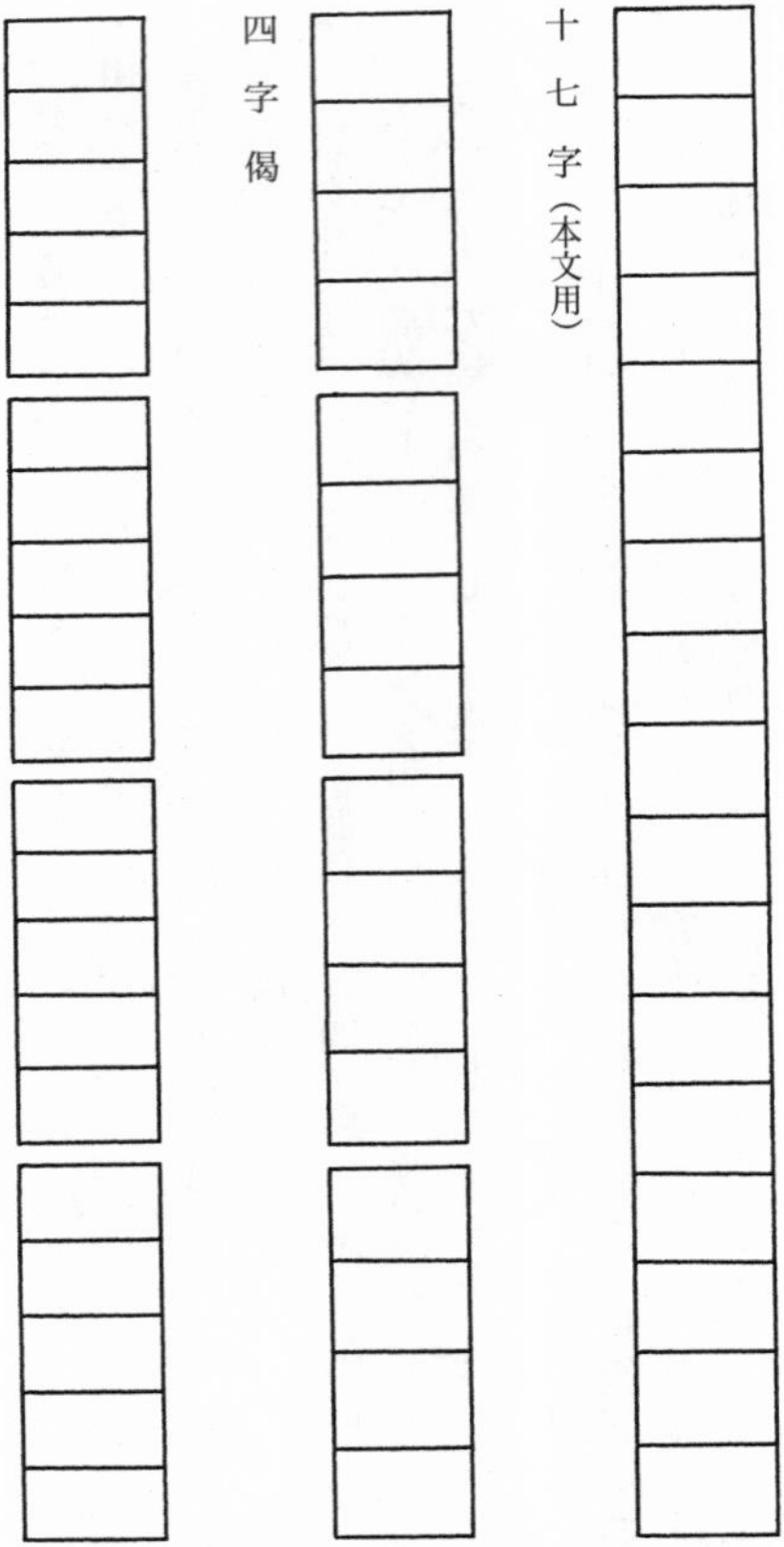

上掲の図は、割り方の比例を示したまでのものにすぎません（編集部注：初心者のための実物大見本は220頁のＱＲコードからアクセスすれば、PDFを閲覧、ダウンロードできます）。

ものであったと思います。熟練してくれば、下敷があっては、かえってうるさく感じられて、書としての本来の姿に写せないものであります。本来の姿というのは、その字が持っている形であって、例えば一という字は横に平たいのが本来の姿であって、それを縦長に書くことは許されない。月字は長形であるところに筆画の鋭（するど）さをもあらわすことができるのでして、これを扁平に書いたら月とは読めない文字となります。このことは後で述べますが、ともかく、下敷を使用している間は初心ということになります。この紙罫も、偈文用の方は止むを得ませんが、本文用のものは、初め二、三行当てて書けば、あとは自然十七字に書けるものであります。ただ初心の間はこれを用いると安心して書けるというわけです。

特に注意しておきたいことは、書写の行が縦に揃うように心がけるべきで、版経でない以上、字が横に揃っているのは、素人くさい感じがいたします。

このほか机上に用意するものは、文鎮（ぶんちん）二、念珠、塗香などです。

覆面瓠

これは半紙を四ッ折にして、わさを上にして、両端に穴をあけて紙撚（こより）を通します。紙撚の端を結んで一方を耳にかけ、さらに一方の耳に合わせて適当に結べば、自分の顔に相応したものになります。なるべくゆるく口に当て、鼻の前がゆっくり呼吸できるようにします。

一、**覆面瓠**（ふくめんこ）：これは写経する時、口の息が直接文字にかからぬように口を覆うもので、昔から使用されています。『扶桑略記』第廿五に大僧都禅喜の写経に関して「手自繕二写法花経一部一書レ経之時着二浄潔之服一以レ瓠覆レ面穿レ孔視レ之」とあります。ずいぶん大きなもののようで、目の当たるところへ孔をあけたとありますが、これではかえって息苦しいことになりますから、マスクのように口に軽くあてる程度のがよいと思います。

清浄な半紙を縦四つに重ね折りにして、両端に紙捻で紙紐を作り、輪形にして両耳にかけます。この場合あまり堅くならないのがよろしい。折紙の「わさ（折り曲のある側）」を上に向くようにして、中に塗香を入れて軽くあごで支えると、香のゆかしい匂いがして、書写の心をはげましてくれます。

一、**塗香**：香抹で、たいへん香りのよいものです。これを掌に摩りこむようにしておくと、手の脂が料紙に付くおそれがありません。夏分は殊に注意すべきであります。

一、**文鎮**：二個でも三個でもよい。また小さい定規様のものも用意しておくことです。

一、**浄水**：水迎の作法に意を含めて、清浄な水を汲んでおくこと。私は寒の水は殺菌ができていて盛夏にも濁らないので、伊勢の五十鈴川の水を寒に取っておいて、これを用いています。平安朝時代には、三箇所の浄水といえば、叡山横川の如法水（今でも滾々と流出しています）、清水の音羽滝水、三井寺の水でありました。更に室町頃には富士の金明水・銀明水をわざわざ取り寄せたものもあったようです。そこまでしなくても、寒のうちに井水を汲んでおけば結構と思います。

金泥の溶き方

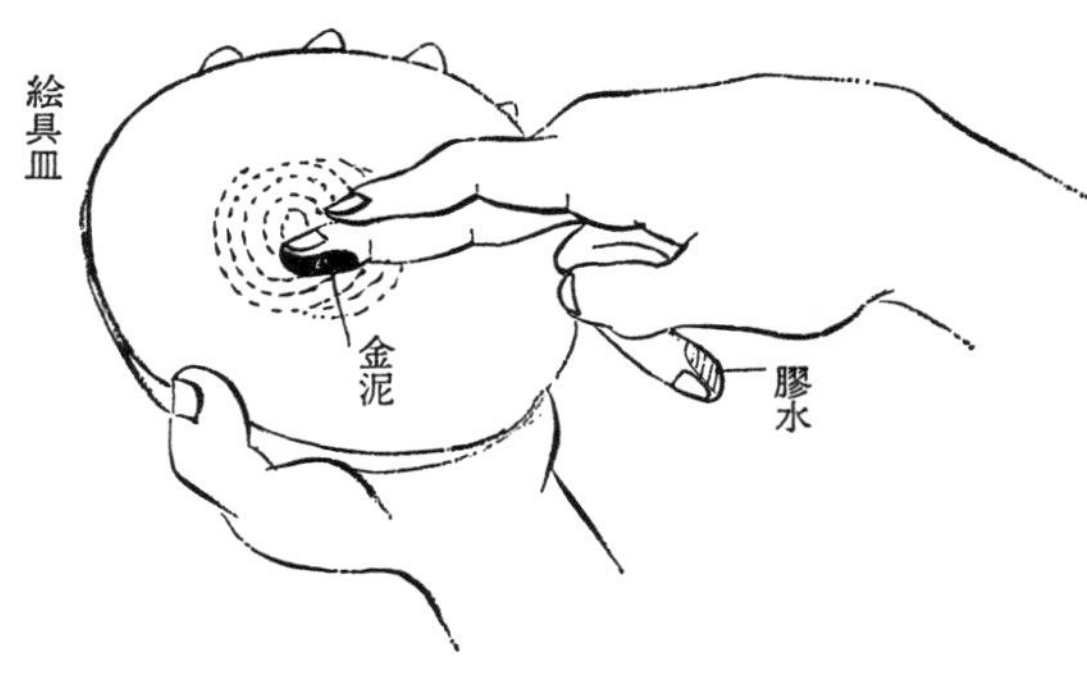

金泥の溶き方

写経の料紙に紺紙や紫紙（現在はあまり使用しない）が用いられると、当然金泥、銀泥が使用されることになります。金泥にも焼金、青金、水色金、純金、中金など種類がありますが、みな粉にして一分ずつ紙に包んであります。これは溶（と）いて使いますから、その溶き方も心得ておかねばなりません。仏画師などは、金を「たてる」といって、一家の秘法として伝えているくらいで、この溶き方が上手であれば、書いた文字に冴（さ）えた光沢が出ますし、また金泥の量が少なくて多く書けるものですから、よく習熟することが肝要です。ここでは普通用いている簡単なものを述べてみましょう。

まず、絵具皿を五枚ぐらい用意しておきます。膠（にかわ）は普通の千本膠でもゼラチンでもよいのですが、それを土鍋で煮（に）て溶かし、ガーゼか何かで滓（かす）を漉（こ）して一枚の皿にとっておきます。

金粉の包みを解いて一枚の皿に移し、別の皿の膠水をもって少しずつ指先で煉（ね）るのであります。この場合、粉を煉る指と、膠水に用いる指とを定めておいて、同じ指で両用しないように注意します。最初は中指に膠水をつけて金粉を附着させ、皿の中央で図のように渦に煉ります。次からは紅指を膠用に定めておいて、中指の指頭は煉ることのみに用います。煉るときは、中指に人差指を添えた方が力が入りやすいでしょう。さらに第二回の金粉を加えて煉り、丸状になればまた膠水を一滴、紅指をもって加えるという風にして、同じ動作を何回も繰り返して、金粉の全部が膠と溶け合って団子のようになったとき、また膠水を二、三滴加えては繰り返します。これは胡粉を煉る時と同じで、度数を重ねるほど精練されて光沢がよくなってきます。これが終わったら、水あるいは湯を注いで丸を溶かします。すると実に美しい黄金の雲が流れます。これが沈澱したとき、上わ水を他の皿に移します。この上わ水を切る時、ゆっくり捨てると沈澱している金泥も共に流れてきますから、早く切ります。上手に移せば、その水はすぐ捨ててもよいのですが、まだ金泥が残っているおそれがありますから、さらにその水を沈澱させます。このとき上わ水に金の「アク」が浮き上がってきますが、これは捨ててもよいのです。これがあると、かえって書くときに邪魔になります。

これで金泥はできあがるのですが、使用する場合は、水を切って皿の底面に落ち付いている泥に二、三滴の膠水を紅指で弾じき入れ、さらにかきまぜて、少し斜面にして皿を置きます。すると、泥は静かに下に向かって流れ、低い方へ寄ってきます。この流れてくる途中を、にじらせながら筆に含ませるのです。書く前に濃淡を試みるため、他紙へ一度つけて見て、乾いたところを指でその面を撫でて見ます。金粉が指の先について来るようであれば、さらに膠水を一、二滴加えて混ぜます。指に付着しないようになれば完全であります。

泥書は、調子よく練れていれば、墨よりも滑らかに早く書けます。二、三字書いてねばるようなら膠が濃過ぎるのですから、反対に水を二、三滴加えればよいわけです。この加減は熟練の上でありますから、最初は銀粉で練習するとよいと思います。

泥墨の使用は天平時代の古文書に記されていますが、やはり硯で磨るようになっていたと思います。平安朝頃の中尊寺の金銀経の銀が泥墨ではないかと私は思います。以来その製法は絶えています。それでは金泥一分を溶いてどのくらいの字数が書けるかと言いますと、私の経験では、金泥一分をもって写紙五枚か六枚です。正倉院文書には「金泥一両をもって二十八張を写す」などの記事が見られます。

金銀泥で写すことは結構なことでありますが、初めての方にどうかすると書きたがる人が多いようです。しかし、私はあまりお勧めはいたしません。というのは、お経はそんな贅沢にすべきものではありませんし、またそのような気持では精神修養の糧にはなりません。よくよく粗末な紙で書きつづけて、習熟したあかつきに試みてよいものと申し上げておきましょう。もし、どうしても金泥で書きたいという方は、そんなむずかしい溶き方はやめて、材料店にある皿に付けた金泥がありますから、それを水で溶かしながら使って書けば楽々と書けます。それは真鍮の粉末でありますが、数年間は大丈夫、色は変らないようです。

一二　写経の順序

まず身心を清らかにし、静坐します。坐法は、足の指を重ねると「しびれ」がきれませんから、普通の書道の姿勢と同じでよいわけです。墨は静かに磨(す)るのですが、写経には多くを要しませんから、硯面の上だけで円形に磨る程度でよいのです。硯の海に流し込むほど多く磨る必要はありません。墨を静かに磨っていると自然に気持が落ち着いて来ます。磨墨は写経の気分を作ってゆく第一歩ですから粗暴に磨ってはなりません。ですから墨を他人に磨らせて書くようでは、本当の写経はできません。古人も「人墨を磨るに非ず、墨人を磨る」と言っています。

次には、静かに合掌して、懺法(せんぼう)の意で般若心経を唱えます。これを読誦(どくじゅ)するには普通音読にします。そして暗誦(あんしょう)できるように練習しておくとよいのですが、これは別に読まなければならぬというものではありません。ただ気分を作るためであります。

次に写経観念文を読みます（読みやすく和文に直しました）。

写経観念文

水は是れ大悲慈潤の智水、墨はまた楞厳禅定の石墨なり。定の墨、慧の水和合して、実相法身の文字を書写す。この文字は三世諸仏甚深の秘蔵、三身如来真実の正体にして、禅定智慧の法門、自行化他の功徳悉く皆具足す。是れを以て此経の文字は、十界に色身を現じ、随類説法して利生したもう。

この故に我れ今この経を書写し奉る。この功徳の善根に依って、弟子法界の衆生とともに、無始已来の三業六根一切の罪障を皆悉く消滅し、臨終は正念に極楽に往生し、仏を見奉り法を聞いて無生忍を証せんことを。

〔注解〕

楞厳禅定——悟りのこと、安心の境地をいう。禅定とは、つまり精神の統一すること。

実相法身——真如法界の理と一致せる仏の姿、永遠なる仏の本体をいう。つまり、写経の文字は一字一字みなこれ仏のありのままの姿であるということ。

三世諸仏——過去・現在・未来を三世という。この三世に出現し給う多くの仏のこと。

三　身——仏を法身・報身・応身の三つに分類して、これを三身という。法身とは、永劫不変、無色無形の本体（理仏）に名づけて言い、報身とは、修行によって報い顕われる仏身で、阿弥陀仏の如きものをいう。すなわち、困難な菩薩の修行に堪えて、精進努力の結果、顕われた有形の仏である。応身とは、報身仏を見ることのできない者を救うために顕われた仏であって、つまり仏への橋渡しをして下さる釈迦牟尼仏の如きをいう。だから、これは歴史的存在を認め得る仏である。

如　来——仏と同じ道を歩んで、同一理想境に到達した人の意。

自行化他——自分がまず修行し、またその法をもって他人を教え導くこと。

十　界——迷いの世界を六つに分けて、地獄・餓鬼・畜生・修羅・人間・天上とし、悟りの世界を四つに分けて、声聞（しょうもん）・縁覚（えんがく）・菩薩・仏とし、合わせてこれを十界という。

三業六根——三業とは動作・言語・意志の三つ、すなわち身・口・意の諸精神作用をいう。六根とは感覚の働きである眼・耳・鼻・舌・身・意の六官をいう。

極楽往生——極楽は阿弥陀の世界で、諸事円満な、楽のみあって苦のない世界をいう。往生は、この世界から他の世界へ往って生まれかわることをいうので、死んでのちに往くところだと考えている人が多いが、私は現世にあっても修行次第で達し得る、少なくともその近くまで往ける処だと思う。しかし、この観念文には「臨終正念」とあるから、死期に臨んでも心乱れず、念慮正しく、極楽に生まれかわるという思想であろう。

生　忍——修行の力によって悟りを開くこと。

以上によって、この観念文を解釈してみますと、次のような意味になるかと思います。写経に用いる水は、智慧の滴水であり、墨はまた煩悩を駆逐する石墨であります。この二つが和合して、永遠なる仏の真理の姿を綴ってゆくのでありますから、この文字は過去・現在・未来に出現し給う仏たちの正体であって、悟りの世界に入る門であります。と同時に、他人をも善導する功徳をも具備しているのであります。したがって、この経の文字は種々の迷いに苦しんでいる者も、悟りを開いている者も、皆それぞれの分に応じて説得する力を包含していることであります。

この故に今この経を写し奉る。願わくば、この功徳によって、諸々の衆生と共に、現在までの業因（ごういん）によって生じた罪を悉（ことごと）く消滅せしめたまえ。そして身を終わるときに臨んでも悟りが開けて、心乱れることなく、念慮正しく安楽浄土に生まれますように。――こんな意味であります。ここにある臨終というのは、必ずしも死に直面してということではありません。この経を書き終わったときの清浄な心持ちが浄土の世界に通ずることをいったのであります。

次には、覆面瓠を口に当てて、塗香を塗って、筆を執（と）ります。

続いて、原本となる経本を左に置きます。

料紙は、前に述べたように、上下を誤らないように余白の狭い方を上にして、罫は初行を一行あるいは二行を空白にして、次の行に経題を書きます。訳者の名があれば、本文より少し小文字で中央より、あるいは少し下から書きます。心経のように訳者名がないものは、そのまま本文に移ります。

ここで一寸注意しなければならぬことは、経題の書き方であります。およそ一巻の経は、長くても短かくても、初めと終りに必ず経題があり、さらに調巻して表紙をつけると、表紙にも書きます。表紙の経題は略名でもよく、例えば、観音経の場合とすれば「普門品」だけでもよいのです。ところが本文の経題（内題ともいう）は「妙法蓮華経観世音菩薩普門品第二十五」と書かなくてはなりません。そして、内題に限って、本文の如く字間をあけないで、なるべく詰めて書くのが古法であります。したがって、同じ十七字でも、本文と添わないで、題の方は二、三字分下に空白をもつのが正式な書法であります。それは釈尊の金口から出た言葉は各字みな仏であるという思想から、その一巻を代表する経題は、後世の者がこれを改書するを許さぬという厳しい意味からでありまして、そこにまた非常に荘厳味を感じます。また内題は、字数にかかわらず、必ず一行に納めるように注意します。ただし字数が多ければ字を小さく書くかというと、そうではなく、本文と同大に見えなくては貧弱な感じがしますから、経題の字数が十七字以上になる場合は扁平な形となるのは当然であります。巻頭の経題を「内題」というのに対して、巻末の経題を「奥題」あるいは「尾題」と申します。奥題の書写の方法は、本文の終わった行から一行の空白をおいて書くことであります。なお識語（奥書あるいは願文）を記す場合は、さらに二行以上の空白をおいて、少なくとも五字以上下げて、本文より少し小さく書く方がよいのです。願文には、きまりはありませんから、体裁を考えて書けばよいと思います。

次に手本（筆蹟でなく経文の）となるものの見方は、私の経験からすれば、経文には繰り返しの同一文字、同一句が幾度となく出てくる場合が多いので、行を誤ったり、脱行、脱字のおそれがありがちであります。そのため、手本の文字は、今書きつつある箇所を一行に区切って、次行より後は用意の定規か、あるいは厚紙をあてて覆っておき、一行書き終わると共に、それを送って行くようにすれば、比較的誤脱なく書写できます。こうして筆を進めて行くのですが、いったい一回にどのくらい書いたらよいかと言いますと、それは、その人によって遅速がありますから一概にはいえませんが、心経一巻を一時間余で書ければよい方でしょう。私は四十五分あれば充分ですが、緊張した気持がそう長く続くものではありませんから、一日中写経するとすれば、二、三回休息しなければなりません。私は、一日十時間書いて二十五行七枚の平均であります。もっとも、これは墨書の場合ですが、金銀泥書になると、その半数も書けません。これから始めようとする人は、右の順序で書き、量は三行か五行を繰り返して習うことが肝要です。そのうち筆に馴れてきますと、一回に十行ぐらい何でもなくなります。

次に書写終了後の校正を致します。自分では誤っていないと思っても、誤っていることがよくありますから、自分でするだけでなく、できれば他人に校正してもらうのがよろしいのです。そこで万一誤写した場合はどうしたらよいか、途中で気付いた時にはどうするか、を念のために申しておきましょう。前にも述べたように、一行は十七字詰ですから、もし一字落としていれば、途中で気がつかないでも、行の終りになれば、一字分の空白ができて、誰でも気付きます。そのときは、上の脱字の箇所に黒点を施しておき、その脱字を行末に書くことになっています。これは多く藤原時代に行なわれた装飾経などに見受けるところであります。美しい料紙ですから、抹消したり墨で消したりしては、汚すことになりますので、なるべく眼ざわりにならない程度の点を打っておくのであります。もし二字の脱字ならば、縦に二点を施しておきます。この心得のない人が、これを手本にして書くと同じ誤りを繰り返すことになりますから、念のため行末の字と次行の行頭の字とを読んでみて、語を成さなかったら、点の箇所が脱字であることに気がつきます。もしそのようなことが手本にしてあれば、注意して本文を書き改めるべきであります。

脱字はそれで許されるというわけではありませんが、藤原時代以降、専門家でない者が結縁（けちえん）の書写をしたものに、よくこの誤脱を見るのであります。これについて、鎌倉時代の書写にかかる『如法経手記』を見ますと、次の如く記してあります。

私謂、来迎院写経之後校合、校合者只一返読レ之也。其後調軸表紙也。世人常不レ巻ニ返之一。況比校之儀無レ之。其意趣者、未レ終ニ其篇一。慈尊下生之時、可レ終ニ其功一之意也　云々

慈尊というのは弥勒菩薩（みろくぼさつ）のことであります。弥勒菩薩は五十六億七千万年の後に再びこの

娑婆(しゃば)世界に出現して衆生を救うという補処(ふしょ)の菩薩とされています。だから今、われわれが書いた経典は、幾巻書写しても、完全な法宝(ほうぼう)にはなっていないので、これは弥勒菩薩の出現と共に法宝となるのであるから、校正も一度でよい、あるいは、そのままにしてもよいというのであります。これがその当時の写経の思想でありました。要するに、法宝となる経巻を汚損させてはいけない。まして書写の途中において墨消しにするなどは、もってのほかであると戒めたものであります。また、装飾経本来の意味からいえば、仏菩薩を荘厳することをもって功徳(くどく)の最上としましたので、読むためのお経を書写するのではないというのが、すなわち当時の考え方であったからであります。この点は天平写経の読むために書写された写経と大いに異なるのであります。

そのため今日でも誤脱の場合は、この方法をとっているわけであります。といって誤字、脱字を構わずに書けというのではありませんが、初心の間の脱字の心得として付け加えておきます。

書写が終われば、合掌して四恩に感謝いたします。四恩とは、国王の恩、父母の恩、衆生の恩、三宝の恩であります。続いて、次の回向文(えこうもん)を唱えて終わるのであります。

「願わくば、この功徳をもって、あまねく一切に及ぼし、我らと衆生と、みな共に仏道を成ぜんことを。」

これが大乗仏教の精神であります。すなわち、どのような願いごとがありましても、自分だけがおかげをこうむろうというのではなく、一切の衆生と共に功徳を分かち合おうというのであります。

さて、書写した写経はどうすればよいかと、よく聞かれますが、それはその人の心持であります。もし先祖の周忌に書いたものなどであれば、寺に納めるがよいでしょう。また修養の糧（かて）にする写経は、何巻たまっても、それを書くことによって日々自分の心が研（みが）かれていったのでありますから、反古（ほご）とみてもさしつかえありませんが、やはり感謝の気持を忘れないため、綴（つづ）って保存しておけばよいでしょう。なかには、もう二千巻書きましたという人もあります。そういう方にお目にかかるたびに、私はその精神力の旺（さか）んなのに頭が下がります。

一三　願文の書き方

古人の書いた写経を大別しますと、蔵経（ぞうきょう）と願経（がんきょう）とになります。蔵経というのは、寺院として当然必要な経蔵を充たすために書いたもの、願経というのは、或る願望を達成せんがために書いたものを言います。したがって、願経にはその巻尾に願文（がんもん）を書いたものが多く、これが後世から見ればよい史料となるわけであります。しかし、書者からいえば、仏という絶対的なものを信じて書写した悲願の告白でありますから、古写経に見る願文は、われわれの先祖の生活に直結したものといえましょう。

願文の厳格に記されたものは、天平経中に最も多く見られます。それは唐の形式を踏襲して文章も整然としています。二、三の例をとってみますと、

光明皇后の願文

○皇后藤原氏光明子奉ニ為（奉為は、おおむためと熟語に読む）
　尊考贈正一位太政大臣府君尊妣贈
従一位橘氏太夫人一敬ニ写一切経論及律一

荘厳既了伏願憑二斯勝因一奉レ資二冥助一永庇二菩提之樹一長遊二般若之津一又願上奉下　聖朝恒延二福寿一下及二寮采一共盡中忠節上又光明子自発二誓言一弘二済沈淪一勤除二煩障一妙窮二諸法一早契二菩提一乃至下伝二燈無窮一流中布天下上聞レ名持レ巻獲レ福消レ災一切迷方会帰二覚路一

天平十二年五月一日記

(読み方)

皇后藤原氏光明子、尊考贈正一位太政大臣府君、尊妣贈従一位橘氏太夫人のおおむために、一切経論及律を敬写し、荘厳既に了(おわ)んぬ。伏して願わくは、斯の勝因によって冥助(みょうじょ)に資し奉り、永く菩提の樹を庇(おお)い、とこしなえに般若(はんにゃ)の津に遊び給わんことを。

また願わくは、上　聖朝にはつねに福壽を延べ給い、下寮采に及んでは共に忠節を尽し奉らんことを。

また、光明子みずから誓言を発し、沈淪を弘済し、勤めて煩障を除き、妙に諸法を窮(きわ)め、早く菩提に契(ちぎ)りなば、乃(すなわ)ち燈を無窮に伝え、天下に流布(るふ)するに至らん。名を聞き巻を持すれば、福を獲(え)て災を消し、一切の迷方はかならずや覚路に帰せむこのように読まれます。これは一切経五千四十八巻に悉く書かれており、しかも十一行におさめられ、文脈も整然として、句々和臭を含むところがなく、願い事を三段に表わしてあります。一段は父藤原不比等、母橘三千代の冥福を祈り、二段には現存の聖朝（聖武天皇）の寿命と臣下の忠節をつくすことを願い、三段には光明皇后みずから誓いを立てて、おちぶれた人々を救い、煩（わずら）いを除いて、諸法を窮（きわ）めさせ給えというのであります。そして、この書き方にも学ぶべきところが多々あります。

およそ漢文の書式には、抬頭（たいとう）、平出（へいしゅつ）、闕字（けつじ）の三つの書き方があります。これらはみな尊敬の意を表わすもので、抬頭というのは、名前を行頭から一字分出すものを言い、平出というのは、行を改めて書くもので、前の文章が何字で終わろうとかまわないで次の行に書くのであります。ここでは第二行目の「尊考」がそれに当たります。闕字法というのは、同じ行に書いても、その名前との間を欠字にすることで、ここでは「聖朝」の上が二字分あけてあります。参考までに申しますと、もとは唐六典（りくてん）に制定されたもので、文中に敬うべき字のあるときは、次の行の頭と平等にし、更に敬意を表わすときは一字上げて書くことになっているのです。それで、勅旨、聖化、天皇、皇太子、殿下などは闕字法をとるのです。これは日本でも公式令によって定められていましたが、明治五年に廃止されました。

平安朝以後は願文は極めて簡単なものが多くなってきます。談山神社にある右大臣藤原師

輔が五十一歳のとき、先祖の廟所たる多武峰に納めた経には、

○此経一巻、臣師輔手自(てずからみずから)書写以奉二納多武峰一祈二現当二世一
天徳二年戊午三月十八日　一交了、一交了、一交了

これは史実に徴して何らか政治的の願い事があったと思われますが、内容は「現当二世」の四字に含められているようであります。それかと思うと上野精一氏のところにある仏師運慶の法華経には、微に入り細に亘って、発願の年から紙を漉(す)かせ、紙工にも沐浴精進させ、書手二人を傭(やと)うて、毎日書いた行数だけ男女に行列させ三度礼拝し、宝号念仏を唱えて如法経の形式をいとも厳重に行なったことを記し、水は

○一所横河根本水使者同住僧宗実、一所園城寺

水使者聖人快尋 布施料紙一帖 一所清水寺水使用者

僧康円三ケ度取之

と、三ヵ所の霊水を取り寄せ、場所は京都唐橋末の法住寺の辺と記し、一族郎党を全部動員させているような例もあります。そして、春日の霊夢によって、平家に焼かれた東大寺の焼け残りの柱を削って、これを軸木にしたことも細記してあります。大仏師運慶がいかに深い

信念をもって魂を打ち込んだかが、この願文によって偲（しの）ばれます。私は東大寺の仁王門をくぐるたびに、この経を思い出すのであります（願文はあまり長いので省略する）。

本門寺にある無量義経には

○保安二年七月四日己刻書写了
　奉㆓為過去祖父滅罪生善㆒也　師綱

基衡の千部一日経には

○保延四年五月十六日奉為先
　考藤原清衡成仏得道奉書写
　千部一日経内第六十二部也
　　弟子　藤原基衡（弟子とは仏弟子ということで、僧侶でなくても、普通一般の人も信者はみな弟子である）

これは中尊寺の基衡が父清衡のために一日経を千部発願したものであります。

宝泉寺大般若経

○仁平三年歳次辛酉四月十五日甲申末刻書写已畢　筆師僧玄信

願以二書写功徳一現世無二病患一後生証二菩提一法界同二利益一

これは藤原時代の写経僧が書いたもので、時刻まで細かに記しています。

源頼家心経

○此心経一巻為二病脳祈願一染二愚筆一謹拝書

奉二納三島社一者也

建仁三年八月十日　従二位源朝臣頼家

これは頼朝の子頼家が病気のため心経を写して三島神社へ奉納したもの。

法貴寺天満宮一筆大般若経

○願以二書写力一生々行二般若一漸々開二慧眼一三有同二利益一

貞応二年癸未五月六日写二書之一以二興福寺北戒壇本一校合了

大和国長谷川法貴寺天満天神一筆御経也為二無上菩提一書レ之

筆師沙門源豪　以二写本一一校了源豪

これは僧源豪が一筆で大般若経六百巻を写して天満宮に奉納したものです。

運川寺大般若経巻三百十

○正平十六年辛丑十一月廿二日於和州
龍門庄之内牧城中早旦終功畢
干時城都者康安元年官方継躰
当帝以㆓住吉之神主室㆒暫爲㆓皇居㆒
願主雲祥書旦那者同利益

このように南北朝時代の戦争動静を記したものもあり、これは後村上天皇が住吉を仮御殿となさったという史的価値の高いものであります。いずれも平安朝以後は願文も極めて簡単に、年時、姓名、写経の場所、誰の為め、といった風に書いてあります。現代のわれわれは、必要があればこれらを参考にして書けばよいわけです。

以上は、古人の願経から抄出したままでありますが、今日では別に願いをこめて写経するのでなく、ただ自分の修養のために書く人が多くなりましたので、願文の必要はありませんが、強いて書こうと思えば年月日だけでよいわけです。そして名前は、なるべく本名がよいと思います。雅号を書いて印まで捺押する人がありますが、これはどうかと思います。

昭和四十二年（一九六七年）、嵯峨天皇の千百五十年祭に大覚寺に奉納された佐藤首相の般若心経の願文は左の様に和文で書かれてありました。

昭和三十九年十一月より首相の重責を負い国政に心血を注ぐ。幸に産業の発展は世界各国を驚かしむるに足るものあれど敗戦以来の思想的混乱なお甚だしくして前途の容易ならざるを想う。茲に心経一巻を書写し謹みて宝祚の弥栄と日本国永遠の発展とを祈念し奉る

昭和四十二年七月　　　栄作謹書

これは時代に即応したものであり、これからの願文は、これに倣った方がよいのではないかと思います。

ところが、平安朝時代の装飾経は、願文を巻尾に書かないで、別に一巻にして奉納したため、それがいつの間にか離脱して、誰の写経やら願意も不明のまま残っているものがほとんどであります。

平清盛が久安二年（一一四六年）安芸守で赴任していた頃、一沙門の言を信じて厳島を信

仰し始めて、自らの昇進につれ、一族一門の繁栄を祈願して善美をつくした装飾経を奉納したものが、寄しくも三十三巻願文と共に現存しているのは珍しい一例であります。

一四　皇室と心経

日本は皇室を中心に発達した国でありますから、日本の仏教も皇室の庇護を外にしては考えられません。記録や遺品をたどってみますと、天平の初め頃、元明天皇はこの心経を御持経とされていたことが、正倉院に残る牙牌によって知られます。また、天平十八年（七四六年）、二十一年には、各七百六十八巻という多くの心経が書写されていますが、これは一日二巻あて一年分の読誦料に当てられたものであり、また別に、天皇・皇后の奉為に二巻が書写されていますから、同文書によっても、盛んに書写されたことが知られます。

さらに淳仁天皇の宝字二年（七五八年）八月丁巳の勅には、

「聞くならく、摩訶般若波羅蜜多は是れ諸仏の母也。四句偈など受持読誦せば、福徳聚るを得ること思量すべからず。是を以て天子念ずれば兵革の災害国裏に入らず。庶人念ずれば、疾疫癘鬼は家中に入らず。悪を断って祥をうる。」

とあります。ここに四句の偈とありますのは、すなわち心経の「掲諦掲諦、波羅掲諦、波羅

僧掲諦、菩提薩婆訶」を指されたものであります。この御信仰によって、

「宜しく天下諸国に告げ、男女老少を論ずることなく、起坐行歩、口閑のときは、皆ことごとく摩訶般若波羅蜜を念誦すべし。その文武百官の人等は、朝に向かい、司に赴く道路の上にても、毎日常に念じ、往来を空しうすること勿れ。」

と仰せられたのであります。また嵯峨天皇の弘仁九年には疫病が流行して、路に斃れる者の数が知れないありさまでした。天皇はこれを軫念（天子が心を痛めること）し給い、救済せんとの叡慮から、宸筆（天子の自筆）の般若心経を紺紙に書写されましたが、この経の霊験はいちじるしく、さしも猖獗を極めた悪疫も地を払ったということであります。この先例によって、代々の天皇も多く書写をされました。現に大覚寺の心経殿には、これらの心経が奉安されています。このとき弘法大師は『心経秘鍵』一巻を書いて嵯峨天皇に奉ったといわれ、慈覚大師には『心経疏集』『心経料簡』の著があり、知証大師に『心経開題』、恵心僧都に『講演心経義』などの注釈書も出ております。

鎌倉時代になりますと、後嵯峨上皇の正嘉三年の春、悪疫が流行いたしましたので、上皇には深く宸襟（お心）を悩まさせ給うて、亀山の離宮において、弘仁の先蹤を追われ、般若心経を書写されました。また、光厳天皇には、延元元年三月の宸翰（直筆）が松平家にあり

ましたから、記録はないものの、事実を証しています。

後花園天皇の寛正元年から二年にかけても疫病が流行しました。天皇には古来の吉例に倣（なら）い、般若心経を宸筆（しんぴつ）されました。この時は、一字三礼という極めて深い御信念を表わされています。後土御門天皇の文明二年三月九日は、三合の御祈禱にも心経の書写を遊ばされ、伊勢神宮に奉納されました。また延徳四年五月九日には大覚寺より、嵯峨・後光厳・後花園の宸翰を宮中に召されて染筆されています。後柏原天皇は、大永五年瘡病流行のとき、悪疫絶滅のため親しく心経を書写されました。時の文案には、

頃年小瘡流布都鄙愁苦日久矣、依為㆓利㆑蒼生㆒聊凝㆓丹棘㆒書㆓写般若之真文㆒禱㆓尓仁和之霊寺㆒仰冀三宝知見万民安楽乃至法界平等利益。

大永五年十一月　日

山上分延暦之霊寺　　弘法大師筆云只心経二字計歟

銘㆓般若心経㆒　　両様共以不㆑可㆑有㆓子細㆒哉

とあって、終りに古写心経の異同までも考証されております。これは、弘法大師の筆と伝称する般若心経に「心経」の二字のみ書かれているのを疑問視されたもので、世にいう『隅寺（すみでら）心経』（111頁図版参照）を指していられますので、恐らくこれは天平時代の書写で、前述の

淳仁天皇の詔にある如きものだと私は思っています。

すなわち天文三年と天文八年には諸国に大洪水があり、西は中国、九州、東は関東、奥州にかけて悪疫が流行しました。そのとき、五月には一七日（いちしちにち）の祈禱を伊勢神宮において行なわせられました。その願文には、

頃者疾疫流行、民庶憂患、朕不レ顧二不徳一寤寐無レ聊
因追二弘仁明寺之遺塵一、奉レ写二般若心経之妙典一仰願天感二
丹誠之懇篤一国蘇二蒼生之多難一乃至法界平等利益
　干時天文第三暦仲夏中旬候

『厳助往年記』には

当春世上大キキン非人数千万、餓死するもの其数をしらず。上京下京の間に於て、春夏の中毎日六十人計の死人を捨つ。

とありますから、飢饉に伴う疫病の流行はおびただしいものがあったようであります。

後奈良天皇は三回に亘って遊ばされています。これは、天文九年（一五四〇年）六月十七

日のものですが、同九年の春の飢饉には、いたく宸襟をなやませ給うて伊勢神宮に祈願され、改元の御沙汰もありましたが、朝廷には資力がなく、幕府も財政逼迫（ひっぱく）のさいでありましたので、相国寺の祠堂銭を借りるなどの評議があったほどであります。再び幕府に命じて祈禱料三千疋を借り出して、六月十七日から五日間、醍醐寺の義堯を宮中に召されて不動法を修せしめ、御自らは心経を書写されました。その奥書（105頁図版）によりますと、般若心経をもって疾病の妙薬となさんと念じ給うておられます。その後、引き続く飢饉に、天皇は般若心経を六十六ヵ国に頒納の思召しで書写されましたが、勅使を遣（つか）わされる費用もない状況であって、公卿たちの領国に下向（げこう）するときに伝達されましたので、実際には二十五ヵ国に行なわれたのであります。そのうち三河・周防・肥後・越後・伊豆・安房・甲斐の七ヵ国の分は現存しております。また正親町天皇には毎月御誕辰の日に諸僧を召して心経を読誦せしめられたようであります。永禄四年九月に一字三礼の心経を遊ばされ、その十月十八日には、大覚寺の心経を宮中に叡覧あって、やがて勅封の上、返附されました。

桜町天皇の心経は仁和寺にありますが、その奥書には

> 伏惟、先帝仁政、施二万姓一恩波溢二四海一謙遜之聖慮深而忽起二脱履之思一花晨月夕、達二和歌之叡才一鳳琴龍笛、御二律呂之和調一堪二思慕一焉、嗚呼哀哉、宝算有レ限、登二九天霞一、眇身謾受二神器一久居二大宝一競々如レ踏二薄氷一愛憐終難レ忘、厚恩何以報レ之、今茲丁二七回之忌

辰一因親三書金字般若波羅蜜多心経一以祈二追福一云尓

寛保三年四月十一日　　大日本國天子昭仁敬書

と九行の御願文は御孝心の深くあらせられたことがうかがえます。

後桜町天皇の心経は、明和八年より文化九年までの四十一年間に桜町天皇の奉為に写され

後奈良天皇「般若心経」奥書

たもの百九巻が青蓮院にあります。また霊元天皇は延宝五年十月十五日に新廣義門院の百箇日に遊ばされました。金台院にあります後陽成天皇の心経は、延宝辛酉林鐘廿六日とあります。また光格天皇には後桜町天皇の七七忌に（文化十年十二月二十二日）お写しになっておられます。

私は先年、はからずも新宮殿で御陪食（ごばいしょく）にあずかり、僅か二十分ほどではありましたが、「皇室と写経」のお話を申し上げる光栄に浴しましたが、歴代の天皇の般若心経を御信仰になった御事蹟を見ましても、このようすですから、庶民の信仰書写はいうまでもありません。各所に心経会（しんぎょうえ）というものが設けられていまして、今日でも大覚寺では嵯峨天皇以来の勅封心経殿を中心に、毎月二十一日に心経会が行なわれています。

一五　観音さま

われわれの見る観音さまの姿は、どういうものかみな美人です。絵画に描かれても、仏像に彫られても、みな女身で、慈母という感じがいたします。それが阿弥陀さんと一緒のときは、観音・勢至といって、本尊の右側が勢至、観音さまは左側の脇侍となっております。在処は補陀洛と言い、経は法華経八巻のうちの観世音菩薩普門品第廿五がそれであります。

観音信仰ということも、薬師や地蔵とともに、よほど古くからあったものです。薬師は、前に述べましたように、薬を授けて病気を治してくださる如来さまであり、地蔵は錫杖を持って遍歴する僧形で、何でも聴いてくださるというので、俗人が近づきやすい菩薩であります。観音も同じように宗派性をもたないところに特徴があり、一般の信仰を集めやすいためでもありましょうか姿が美しく現わされています。

経によれば、観音は、世の中の音を観ずるという極めて微妙な存在であり、それに身は三十三身に化現して抜苦与福されるという、ありがたい自由無礙の菩薩であります。だから、いつ、どこで、どんな姿で現われるかわからないのであります。これを仏師はどのような気持で刀を執ったかというように、およそ動く美として表現しているようであります。美を追求するのは人間の本能でありまして、仏師も、この女性的柔軟体にふさわしく、天衣を翻(ひるがえ)した動的表情美の追求に精神をこめたものと思われます。これについて面白い伝説があります。

むかし、天竺(てんじく)に観音信者の王様がいまして、お経にいう常に世音を観じて三十三身を現ずる観音さまの正体を何とかして拝みたいという念願をもっていました。ところが或る日、お告げがあって、生身の観音さまが拝みたければ、日本の聖武王の皇后光明子(こうみょうし)を見るがよいといわれました。だが自分は一国の王として政治を執(と)る身であるから、遠国へ渡ることができない。何とか方法はありませんかと、再びお告げを請(こ)うたところ、それならば、彫刻師を遣(つかわ)して光明子の姿を彫らせて、それを拝めよといわれました。王は早速、問答師という名匠を、はるばる日本国へ派遣しました。彼は無事渡航して、このことを日本の朝廷に上奏しましたが、なかなか許可が出ませんでした。あたかもその頃、光明皇后は御生母三千代のため御堂を建立中でしたので、その本尊を彫ってくれるならということで、やっとお許しが出ました。そこで皇后をモデルにして、問答師はついに三体の観音像を造りました。その一体が現在の法華寺の十一面観世音だということです。このことは『興福寺濫觴(らんしょう)記』にしるされています。そういえば絵画にも、薬師寺にある天平時代の吉祥天の図は豊満な肉感的表現であって、これも皇后がモデルではないかということも耳にしますが、光明皇后は、よほどの美人であられたものと思われます。宮中の奥深くおわし、ことに仏に帰依(きえ)されたため、生き仏(ぼとけ)の如く時の人にうたわれたのも無理はなかろうと思います。法華寺は皇后晩年の御在所であ

郵便はがき

料金受取人払郵便

小石川局承認

1072

差出有効期間
2023年4月9日まで
（切手不要）

112-8731

東京都文京区音羽二丁目
十二番二十一号

講談社
学芸部
学術図書編集 行

ご購読ありがとうございました。今後の出版企画の参考にさせていただきますので、ご意見、ご感想をお聞かせください。

（フリガナ）
ご住所　〒□□□-□□□□

（フリガナ）
お名前

生年（年齢）
（　　歳）

電話番号

性別　1男性　2女性

ご職業

小社発行の以下のものをご希望の方は、お名前・ご住所をご記入ください。

・学術文庫出版目録　　希望する・しない
・選書メチエ出版目録　　希望する・しない

TY 000045-2103

この本の タイトル	

本書をどこでお知りになりましたか。

1 新聞広告で　2 雑誌広告で　3 書評で　4 実物を見て　5 人にすすめられて
6 目録で　7 車内広告で　8 ネット検索で　9 その他（　　　　　　　　　　）
＊お買い上げ書店名（　　　　　　　　　　　　　　　　　　　　　　　　　）

1．本書についてのご意見、ご感想をお聞かせください。

2．今後、出版を希望されるテーマ、著者、ジャンルなどがありましたらお教えください。

3．最近お読みになった本で、面白かったものをお教えください。

ご記入いただいた個人情報は上記目的以外には使用せず、適切に取り扱いいたします。

り、国分尼寺の総本寺でもありましたから、いろいろの伝説も起こったわけであります。
ともかく当時の仏師たちが、観音像を造顕するにあたって、宗教的制約のうちにも動きのある肉感的な美を追求していたことは、現存の遺品に見ても明らかに言えますし、それが女性的であったことも、ほぼ想像されます。

般若心経にいう「観自在菩薩」は、すなわちこの観音さまであり、その説くところは「空」の思想であって、禅にも通じ、仏教の哲学ともいうべきもので、昔から文人墨客と言い、学者、名士と言い、貴賤を問わず写経に志すものは、みな心経を書写しております。

このようなわけで、観音さまにもいろいろ種類ができました。聖（しょう）観音、千手（せんじゅ）観音、馬頭観音、十一面観音、不空羂索（けんじゃく）観音、如意輪（にょいりん）観音、以上を六観音と呼んでおります。このほか救世（ぐせ）観音、楊柳（ようりゅう）観音、魚籃（ぎょらん）観音など、それぞれ信仰の目的によって、対象となる観音さまの姿も変わってくるのであります。

ちなみに、西国三十三箇所というのも、これらの観音を本尊としており、その起源は、花山天皇が十九歳で薙髪（ちはつ）され、親しくこの霊場を巡拝されたという伝えによって、今日なお巡礼の札所（ふだしょ）となっているのであります。

延命十句観音経

観世音 南無佛 與佛有因 與佛有縁 佛法僧縁 常楽我浄 朝念観世音 暮念観世音 念念従心起 念念不離心

月影のいたらぬ里はなけれどもながむる人のこころにぞ澄む

――法然上人

耳鼻舌身意无色聲香味觸法无眼界乃至
无意識界无无明亦无无明盡乃至无老死
亦无老死盡无苦集滅道无智亦无得以无
所得故菩提薩埵依般若波羅蜜多故心无
罣礙无罣礙故无有恐怖遠離一切顛倒夢
想究竟涅槃三世諸佛依般若波羅蜜多故
得阿耨多羅三藐三菩提故知般若波羅蜜
多是大神呪是大明呪是无上呪是无等等
呪能除一切苦真實不虚故説般若波羅蜜
多呪即説呪曰
揭諦揭諦　波羅揭諦　波羅僧揭諦　菩提薩婆訶
誦此經破十悪五逆九十五種耶道若欲供
養十方諸佛報十方諸佛恩當誦観世音般
若百遍千遍无間晝夜常誦此經

隅寺心経

上掲の心経を隅寺心経という。隅寺とは海龍王寺のことで、法華寺の東北隅にあったから、角寺あるいは隅院といった。今は廃寺だが遺唐使の盛んな当時、海上安全のため信仰を集めていた。弘法大師も大安寺から毎日通って研究されたという事蹟により、ここの心経は伝称弘法大師と伝えられた。実は光仁天皇の時の日課心経である。経題は多く「心経」とされたが、中には「摩訶般若波羅蜜多心経」としたものもある。また、義浄訳で、上掲の如く、終り三行に功能文を書いたものもある。それは、

誦二此経一破二十悪五逆九十五種邪道一若二
欲下供二養十方諸仏一報中十方諸仏恩上当
レ誦二観世音般若百遍千遍一無レ問二昼夜一
常誦二此経一

終りの「空海之印」という円印は後世の空海寺の印であろう。

一六　心経の略説

経文（和訳）

観自在菩薩が深般若波羅蜜多を行じ給う時、五蘊は皆空なりと照見して、一切の苦厄を度し給う。舎利子よ、色は空に異ならず、空は色に異ならず、色は即ち是れ空、空は即ち是れ色、受・想・行・識もまた是の如し。舎利子よ、是の諸法の空相は、生ぜず、滅せず、垢ならず、浄ならず、増さず、減ぜず。この故に空の中には色もなく、受・想・行・識もなく、眼・耳・鼻・舌・身・意もなく、色・声・香・味・触・法もなく、眼界もなく、乃至意識界もなし。無明もなく、亦無明のつくることもなく、乃至老死もなく、亦老死の尽くることもなし。苦・集・滅・道もなく、智もなく亦得もなし。所得なきをもっての故に、菩提薩埵は般若波羅蜜多に依るが故に、心に罣礙なし。罣礙なきが故に恐怖あることなし。一切の顛倒夢想を遠離して究竟涅槃す。三世諸仏も般若波羅蜜多に依るが故に、阿耨多羅三藐三菩提を得給う。故に知る。般若波羅蜜多は是れ大神呪なり。是れ大明呪なり。是れ無上呪なり。是れ無等等呪なり。能く一切の苦を除く。真実にして虚しからず。故に般若波羅蜜多の呪を説く。即ち呪を説いて曰く、

掲諦掲諦　波羅掲諦　波羅僧掲諦　菩提薩婆訶

この般若心経は、弘法大師もいわれていますように、「文は一紙に欠け、行は則ち十四、謂ふべし、簡にして要、約にして深し」と、全くこんなに簡単に仏教の真意を尽したお経はありません。そして古来、宗派の別なく一般に広く信仰されて来ました。梵本が印度から中国へはいりまして、大月支国の支謙という人が、蜀の時代に初めて漢文に翻訳しましてからこのかた、十一種もの異訳があったようであります。現在では、

一、摩訶般若波羅蜜多心経　鳩摩羅什訳（秦）
二、般若波羅蜜多心経　玄奘訳（唐）
三、般若波羅蜜多心経　法成訳
四、般若波羅蜜多心経　般若訳（唐）
五、普遍智蔵般若波羅蜜多心経　法月訳（唐）
六、般若波羅蜜多心経　智慧輪訳（唐）
七、仏説聖仏母般若波羅蜜多経　施護訳（宋）
八、仏説般若波羅蜜多心経　義浄訳

いまは御物となっていますが、法隆寺には梵本貝多羅葉の心経がありました。法隆寺大治一切経の中を調べてみますと、前記八種類のうち一、四、六の三種が見られ、また高野山宝寿院には、一、四、五の三巻が保存されています。これには長治二年の年記があります。一は現行のもので本文十六行、四は廿三行、六は廿六行という長さで、書き出しが「如是我聞」となっています。

われわれが普通書写しているものは、本文十五行に偈文一行で二百六十二字、それに内題と奥題を合わせた十四字を加えると二百七十六字となり、さらに摩訶を加えると二百七十八字となります。

この経は、釈尊が鷲峰山におられた時に御弟子の舎利弗などのために説かれたものを、入滅の後、弟子たちが結集して梵語に記録されたものが原典であり、今から約千五百年前に唐の玄奘三蔵が漢訳したものであります。わが日本へ伝来したのは何時代であるかわかりませんが、上下を通じて、これほど信仰された経はありません。したがって、この註釈書もずいぶん多く出ています。中国のは措くとしましても、日本だけでも次のようなものが出ております。

元興寺の智光の『般若心経述記』（三輪宗）
叡山の最澄の『心経釈』（天台宗）

高野山の空海の『心経秘鍵』（真言宗）
叡山の円仁の　『心経疏集』『心経料簡』（天台宗）
三井寺の円珍の『心経開題』（天台宗）
比叡山の源信の『講演心経義』（浄土宗）
興福寺の真興の『般若心経略釈』（法相宗）
大徳寺の一休の『心経解』（禅宗）
白隠の『毒語注心記』（禅宗）
鉄眼の『心経大意』（黄檗宗）

これらの著述を一見しても、般若心経は、古今を通じ、各宗派にわたり、碩学（せきがく）によって研究されていたことがわかります。弘法大師の『心経秘鍵』には次のように記されてあります。

唐の遍覚三蔵（玄奘のこと）の翻には、題に仏説摩訶の四字なし、五蘊の下に「等」字を加え、遠離の下に「一切」の字を除く、陀羅尼の後に功能なし。

と、この玄奘の訳本を知る最も確実なものに、唐の太宗皇帝が彼の訳経の功をたたえて自ら作られた『聖教序』があります。これは僧懐仁をして書聖・王羲之の行書を集めて石に刻せしめられたもので、書家の手本としても後世珍重されております。この序文の終りに般若心経がありますが、『心経秘鍵』に示す通りで、ただ「等」の字がないだけであります。現に法隆寺でもこれは読誦されていますが、それには今一ヵ所三行目の「色受想行識」の下にも「等」があり、「一切」の二字は除いてはありません。それから陀羅尼というのは、四句の偈文のことであり、「その終に功能なし」の功能とは「功能文」のことで、すなわち、

誦二此経一破二十悪五逆九十五種邪道一、若欲下供二（○―邪を耶と書いてあるのは古体です）
養十方諸仏一報中十方諸仏恩上当レ誦二観世音般
若百遍千遍一無レ問二昼夜一常誦無二願不一レ果

という三行のことをいったのでありますが、これにも終りのところを「常誦二此経一」と結んだものもありまして、一様ではありません。

このように多少の異同はありましても、内容に影響するほどのものではないため、ここでは一般に用いられている羅什訳（法隆寺一切経）によって簡単に解説を加えてみることにいたします。

むろんこの心経の解説は、今日までに多くの専門の方によってなされておりますので、そ

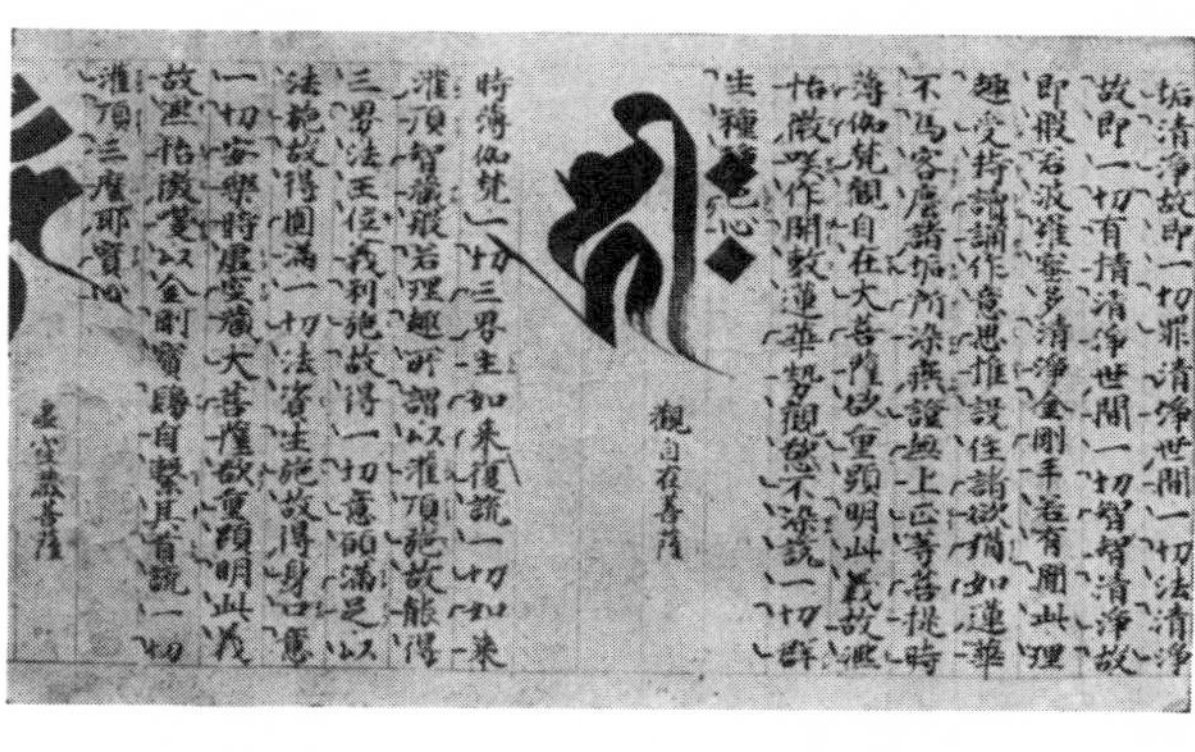

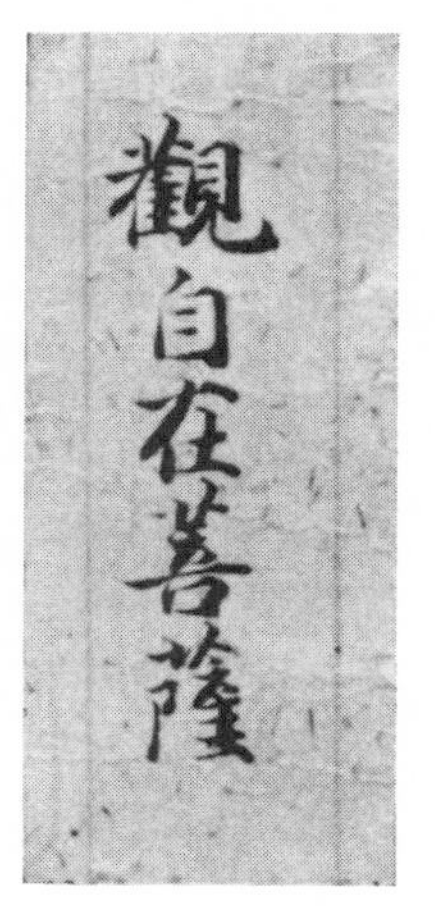

〔遺髪経の実例〕

故人の供養のために、その人の遺髪を漉き込んで料紙を作り、それに近親の者が写経した記録はたくさんありますが、現存するものはほとんど見られません。この理趣経の断巻はまぎれもない遺髪経であります。下の写真は上の一部分を大きく引き伸ばしたものですが、料紙の中に見られる短い線条のものがそれで、遺髪を寸断して漉かせたことがよく分かります。時代は平安末期の書写でありまして、裏面には実に行き届いた金銀箔、砂子をもって装飾を施しています。当時の名門の写経と思われます。

れらの方のお智慧を借りて申すのでありますから、まずそのことをおことわりしておきます。

空海もいわれていますが、この心経には梵語のままで漢字を当てはめたところもありまして、全部が漢訳ではありません。それは何故かと申しますと、梵語の一（ひ）と言にたくさんの意味が含まれていて、それに適当な漢字の熟語がない場合や、印度にあって中国にない物の名などは、どうすることもできないからです。例えば経題の「摩訶（マハー）」などは、大きい、多い、勝れたという三つの意味がありますし、般若（パンニャー）は智慧の意ですが、これを仏の智慧としたのは凡夫の智慧ではないからでありますし、また波羅蜜多（パーラミター）は、迷いの世界にいる凡夫を悟りの世界へ渡すという意を含めた意味深長の言葉で、これらはみな原語のままであります。

さて冒頭の「観自在菩薩」ですが、これは観音さまと解したらよいのです。観は見るという字です。眼に映る物を見るときは「見」としますが、観は、表面でなく内面まで見入ることで、観ずるということ、つまり心眼で見るのであります。心眼で見るときは、眼にうつる森羅万象にいつまでもこだわることなく、眼をつむっても見えるのが観であります。これはあらゆる道の極意に通ずると思います。私が居合（いあい）の師から聞いていることを引いて申しますと、

ここにポプラの葉の茂った木があるとして、そのポプラに向かって立った時、揺（ゆ）れている青葉の中に病葉の黄色になったのが一葉あると、たくさんの葉の中で、その一葉に目が

注がれるものです。それに目を注いでいると、他のたくさんの葉は見えない。そこで全体を何気なく見ていると、どれもみな見えます。そして今まで黄色の一葉だけしか目に止まらなかったのが、今度は薄黄色のものがあちらこちらに見えるのであります。

この一つに心を止めぬ無念無想の境地がすべての道の極意であり、これが「観」であります。観音さまは三十三身を現ずると申しますが、相手に応じて適切な救いの手をのばして下さる菩薩であります。千手観音という仏像を見ますと、たくさんの手がありますが、それを表現した名前なのであります。剣聖宮本武蔵も観音の信仰家でありまして、『五輪の書』という兵法書を書くときは、自ら観音像を刻してこれを掲げ、心経を読誦して書いたと申します。

この観世音菩薩が、深妙なる般若の宗教を実践されまして、その結果、この世の中にありとあらゆるものはすべてみな「空（くう）」であるという悟りを開かれました。そして一切の苦厄を取り去って、彼岸に行き得る状態にして下さった。これが本文の

観自在菩薩行㆓深般若波羅蜜多㆒時、照㆓見五蘊皆空㆒、度㆓一切苦厄㆒

という序段なのであります。

ここに「五蘊（ごうん）」と申しますのは、人間は肉体と精神の二つによって組織されているとし、

肉体を「色(しき)」といい、精神を「受・想・行・識」の四つに分けて、これを五蘊といっております。われわれの眼に映るさまざまのものは、それが目に見え、耳に聞こえ、鼻に匂い、舌に味わわれますが、これらの現象を考えてみますと、すべて因縁(いんねん)によって現われる仮りの相(すがた)で、絶えず流転している状態であります。これは「動いている状態」という意味になるのであります。私は田中英市という固有名詞をもった一個の人間で、背丈(せたけ)が一五七センチ、体重が六〇キロの姿形をして生きてはいますが、毎日皺(しわ)がふえていることには気がつかないで、鏡にうつるたびに、いつの間にか白髪になっていることだけを自覚しています。だからわれわれの身体は、一日も同じということはないのです。孫は一ヵ月も見ないと大きくなったという感じがしますが、老人の顔の皺は変化が緩慢なために、毎日見ているとわからないものです。ですから極端にいえば、今日の自分と明日の自分とは変わっているのです。朝顔の花のように朝夕変り方がはげしければ、誰にでもわかりますが、目に見えない変り方には気がつかないのです。木だって石だって山だって皆そうです。花は咲くがまま、楓(かえで)は散るがまま、これが自然であります。自然にさからうことはできません。菊は秋の花として尊ばれて来ましたが、科学の進歩した今日では年中菊が見られます。これでは季節感が失われて貴重さがなくなり、不自然であります。もし人間が菊のように、いつまでも若さが保てるならば、逆にだんだん若くなることもできねばなりませんが、とても望めないことでございます。この道理がわかれば、すべてのものは空(くう)であるということが納得できるはずであります。

舎利子、色不異空、空不異色、色即是空、空即是色、受想行識、亦復如是

ここからが第一段になりますから、「皆空」ということを舎利子に向かって説明しているのであります。舎利子というのは仏のみ弟子の中で智慧第一といわれた方であります。ここでは因縁によって生ずるところの一切の法は「空」である。その空を説いて「色は空に異ならず」といい、「空は色に異ならず」と逆にいって、「空」を徹底させてあります。四季おりおりに花はありますが、多くの木は春に咲き、秋に実ります。冬の寒いときには梅も桜も花を着けません。枯木のように立っています。これが「色即ち是れ空」であって、山々に霞がたなびきそめ、お彼岸ともなって、枯木のようであった桜の枝に張りが感じられるようになりますと、ぽつぽつ蕾がふくらみ可愛い花が咲きます。これが「空即ち是れ色」であります。柿の木にしたって、あんな甘い実がなぜなるのか、不思議です。木を切って舐めてみたところで甘味があるわけではありません。これは因と縁の結合によって生じた結果でありますから、その因と縁をなくしたら何物も存在しない空の状態で、その空の状態とは、実体がなく、固定した本性のないものということです。そこで、すべてのものが空であるならば精神的な触覚も、知覚も、作用も、意識も、それと同様に空であるというのです。

舎利子、是諸法空相、不生不滅、不垢不浄、不増不減。

空なる状態にあるならば、生ずるといっても新しく生ずるものではなく、滅するといっても無くなってしまうものではない。汚いとか綺麗(きれい)だとか、増えたとか減ったとかいうのは、眼の前の事物にとらわれ、その差別の偏見からいうことで、高いところから達観するときは、すべてのものはみな、不生にして不滅であり、不垢(ふく)にして不浄であり、不増にして不減であるというのであります。つまり「とらわれの心」「執着の心」を離れるという意味であります。あたかも波と水というのと同じです。高潮といえば海水が増したように思いますけれども、実はその場所だけの現象であります。次に、

是故空中無色。無受想行識。無眼耳鼻舌身意。無色声香味触法。無眼界。乃至無意識界。

と前を受けて、空には色もなく、受想行識もないと、五蘊の存在を「不」の字でもって否定してありますが、その五蘊が空であることがわかれば、そのなかには五蘊は存在しないので、今度は「無」という字で表現してあります。

富士山や御嶽山へ登るときは「懺悔(さんげ)々々、六根清浄(ろっこんしょうじょう)」と唱えますが、あの六根というの

は、「眼・耳・鼻・舌・身・意」を申します。そして、その対象となるものが「色・声・香・味・触・法」でありまして、これを六境と申します。この六根と六境とが相俟って迷いの世界を造り出すのであります。年頃の女が通ると、眼が美しいなどと確認すると同時に、着物の色の撰択や歩き方などまで見て、あれは芸者か素人かなど判断する。謡が聞こえて来る。耳があれば、あれは観世流だなと知り、これは師匠の声だ、今度は稽古人の声だな、などと判別する。茶を焙じている香が鼻につく、番茶屋がこの辺にあるなと知る。おはぎを食べに店に入る。舌が素晴らしく甘いなと思うと、これは本当の砂糖の味かなと疑う。ケーブルに乗っていて急に冷気が入って来ると、ああ、もう頂上が近づいたなと知覚する。山桜が咲きはじめるともうお彼岸が近いなと感じる。これが物を知る六根と、知られる六境と、それを判別する六識とでありまして、それらが連結を保って知識を獲得する役割を果たしているのであります。ところが、これらの姿は皆流転の姿でありまして、川の流れのようなものです。川で今足を洗ったけれど、その水はもう下の方に流れて行って二度と返ってこない。といって、その水を追うて行けば、ついに海に溺れるだけであります。今日の一日はもう二度とこないのです。

無二無明一　亦無二無明尽一　乃至無二老死一　亦無二老死尽一

無明とは、明るくないというのですから、智慧の光を失った迷いで、これが道理をまちがえて惑いを生む根源となります。この無明から起こる行ないは悪業となります。一切空を悟れば、明とか無明とかいう対立観がなくなり、われわれの心に生まれつきとかいうことはない。本来不生不滅だから、老いとか死とかいうのは約束されたものではなく、流転の相であります。ここは十二因縁を取り扱ってあるのだそうです。この十二因縁というのは原始仏教の人生観でありますが、心経にはこれを無であると説かれてあります。因果というものは仮りの相であって、これにとらわれてしまっては、永久に苦から離れることはできません。

無苦、集、滅、道

これは四諦といって、あきらめの真理を説いて「無」といったのです。人生は苦の連続であります。この苦の原因は欲です。といっても、欲は歓楽の根源でもありますから、欲望自体が苦を作るのではなくて、愛着の心、とらわれの心が苦の原因となるのであります。次に

無智亦無得、以無所得故

ここでは空の悟りを得るためには智が必要であったが、悟ってしまえば智もなく、また悟り

得たことも無くなってしまうのであります。

人は名誉を得るために寄付行為をして、その所得が得られなかった場合は、不平不満で腹を立てるものです。これは本当の寄付ではないので、条件つきであって、無所得ではないのです。

或るとき、黒田如水が太閤秀吉に立身出世の秘訣を聞いたところ、秀吉の答えは、「別に秘訣というものはないのじゃ、只その〝分〟に安んじて、懸命に努力したまでじゃ、過去を追わず、未来を憂えず、その日の仕事を一所懸命にやったまでじゃ。草履とりは草履とり、足軽は足軽、侍大将は侍大将、それぞれ、その分に安んじて、その分を立派に生かすことによって今の地位になったのじゃ。」といったそうです。よく玩味すべき言葉だと思います。

菩提薩埵　依般若波羅蜜多故　心無罣礙　無罣礙故無有恐怖　遠離一切顛倒夢想　究竟涅槃

菩提は悟り、薩埵は有情ということです。覚った人ということです。また罣礙とは障礙ということですから、覚者が般若波羅蜜多を実践されて得たところの四つの教えは、心に邪魔物がない。邪魔物がないから恐怖がなくなった。恐怖がなくなると恐怖から逆に顛倒して一切の夢想妄想を遠く離れて、真実の智慧が完成して、最後には最上の悟り、すなわち涅槃の目的地に到達されたということになります。

三世諸仏ノモ　依ヨルガ二般若波羅蜜多一故ニ　得タマフ二阿耨多羅三藐三菩提ヲ一

ここに三世とあるのは、過去・現在・未来のことで、阿耨多羅三藐三菩提は梵語を漢字に当て嵌めたもので、意味は「無上の智慧」ということであります。

故ニ知ル般若波羅蜜多ハ　是レ大神呪ナリ　是レ大明呪ナリ　是レ無上呪ナリ　是レ無等等呪ナリ　能ク除ク二一切ノ苦ヲ一　真実ニシテ不レ虚ムナシカラズ

この段では呪のことが説かれています。日本では呪詛などという「まじない」のことであります。呪文というのは、その内容を圧縮した言葉でありまして、これを唱えることによって、不思議な功徳があると信ぜられて来たのであります。すべての善法を持って散ぜしめない、悪法を遮って起こさしめないものであります。たとえば「南無阿弥陀仏」「南無妙法蓮華経」「南無大師遍照金剛」「南無天満大自在天神」などがそれであります。心経の呪は是大神呪、是大明呪とあります。この「明」はあきらか、「神」は神変とか神秘といったような意味です。般若波羅蜜多には、以上に説いて来たような深理があるのですから、般若はそのまま大神呪であって、その究極の心境には不思議な神力がそなわっているのであります。

みなさまもよく御承知の、不動明王（ふどうみょうおう）といって火焔の中に突っ立って、右手に剣、左手に呪縛（じゅばく）の綱（つな）をもって憤怒（ふんぬ）の相をした仏さまは、悪魔を降伏する神力を持っておられます。世間にはいろいろの教えがありますが、中でも般若心経は最勝の法門であり、「無上呪」です。これに比すべきものはありませんから、「無等等呪」なのです。だから般若の功徳は一切の苦を除くことができる。これは真実であって嘘（うそ）ではないぞと説いており、ここに千鈞（せんきん）の重味を加えてあります。

この般若の法は徹頭徹尾まちがっていないから、この信念をもって日々の業にいそしむならば、その行為はそのまま悟りの道となるのであります。

故説般若波羅蜜多呪　即説呪曰

掲諦掲諦。波羅掲諦。波羅僧掲諦。菩提薩婆呵。

さて最後の呪文は梵語でありまして、漢語に適当な翻訳ができないので字音を当てはめてあります。原語は、

ガテイ、ガテイ、パーラガテイ、パーラサンガテイ、ボーヂ、スバーハー

というのだそうです。この一節は昔から秘蔵真言分と称せられて訳さないことになっていま

す。

以上を要するに、仏さまはかつて、まことの悟りを得んがために修行をされた結果、天地間のありとあらゆるものは皆空であるとして悟りを開かれたのです。そして、御弟子の舎利弗にいわれますには、舎利弗よ、われわれの眼に映るすべてのものは一瞬の間も今のままの姿であるということはないのだ。だから、あらゆるものは皆空に等しいのだ。したがって眼に見えない感覚、感情、観念、意志などの精神的なものもまた同じく空であるぞ、と言い聞かせられたのです。これがこの般若心経であります。

一七　心経の書写文字

初心の方の手始めに『般若心経』の書写文字について説明いたしましょう（142～143頁の図版参照）。

摩訶般若波羅蜜多心經　この内題は、摩訶（まか）の二字を略しても、また心経の二字だけで、後を全部略してもよい。また仏説を摩訶の上に書いてもよい。

摩　林の最後の画はハネルよりも横に止めて、手は中心より右寄りにし、玉勾（最後のハネ）を強くほとんど横にすると、字が引きしまって来る。

訶　言偏（ことへん）は下になるにしたがって左にずれる形をとれば、旁（つくり）との均り合いがよくなる。言偏に限らず、写経の文字は、末ひろがりの体をとるものが多い。それは均斉の上から自然の理合でもある。

般　舟のノを省くこともあり、旁（つくり）の殳はコと文を組み合わせるのが古体。（141頁参照）

若　草冠（くさかんむり）は二点に一の形をとる。この字は古人が二様に書いている。下の右字を正しくノ一の順に書けば横画を長くし、一ノの順に書けばノを長くする。（141頁参照）

羅

四冠を広くして維を引きしめるのと、その反対に裾を広く書くこともある。隹の第二の縦画は長く下に出ている方がよい。隹の四本の横画は軽く最後だけを少し長くする。

蜜

普通の必と書く場合、ノを長くするのもある。必の交叉した画を左右に長くするのは、形の取り方から変じた書法である。宀冠に癶冠をして虫。（137頁参照）

多

夕を二つ並べないよう、上を太く斜角形にすれば、下が伸びのび思い切って引ける。

經

糸扁の三点は続けて二点にも、また一にもする。六朝の古いところでは、篆書体をもって円二つを続け、その下に一を添えるが、これも変化に富んでよい場合もある。旁（つくり）の巠には種々な書き方がある。又と土にするもの、一ハ土にするもの、ハを二点にするものなど。（136頁参照）

觀

扁の草冠は亠とするもの、その下の口二つを三点にするもの、一にするもの、など種々である。古体には省略して草冠に隹をしたものもある。旁は扁の三分の一ぐらい下から書く。

自

中の二点は右につけないで余白をつくっておくがよい。

在

土の点をうつ場合もある。土字は点のあるのが古体。

菩

立の上の点は冠との間にあって佶屈（きっくつ）なため大抵の場合省略する。（136頁参照）

薩

菩薩と二字続く場合草冠が重なるから薩の方は一を長くして変化し、産の左にあるノを略すと（薩）建築的な組立てから見ても、すっきりする。（136頁参照）

深　旁の冖冠は小さくして下の拡がりを助長する。

蘊　普通下を温に書く場合が多い。どちらでも間違ってはいません。

度　下の又を文に書くのも古体。

切　七をたいていハネないで十の如く書く。ただし十扁とはおのずから違うこと。（136頁参照）

色　中の点を省くこともある。これは同一文字が二字続く場合の変化を求めて書く。（141頁参照）

異　田を甲にして共を書くのが形がよい。

即　旁を扁の中心部から下げて三角形に書く。

受　ノは一に書く方が調子がよい。

亦　第一画の点と横画とを続けて、下を四つの連点にするものが古体。

復　イを点とフに書く場合もある。これは旁とのつりあい上からである。シにしてもよい。

是　下部の人を一画にしたり、中を二点にして書くこともある。定、足、提も同様。この字形は上を小にして下部を拡げる。

法　旁を大ムにしてもよい。また缶に書いてもよい。

滅　火は大としてもよい。またシを左側に小さくンにして書くこともある。

浄　争の上をクと略す。横の一は貫かないでもよい。

無　无の字に書いても同じである。但し旡はよくない。

界　田の縦を上に出してもよい。下の介は書写体として多くノの下に刀を書き、それを受けて右を一点とする。またノを三つ下へ書いて二画と三画を続けて右に点をうつ。

明　扁を目としてもよい。さらに囧とするものも古体。

老　匕の部分をユとしてもよい。

盡　四点を一にして略す場合もある。

所　所の形が書写体である。

埵　下部の終りに一点を添えるのが普通。

罣　多くは冈の冠に書く。

礙　中を土夫とし、右はマの下を疋と同じように書く。

恐　上部右を口に書く。

離　扁を禹にするのは古体。これは形のとりにくい扁であるから古来種々工夫して書いている。

夢　冠をソ一とし、下の夕の第一画を上から抜く。

槃　舟扁を長くして、木を殳の下に書く。

藐　略体として狽にも書く。(137頁参照)

咒　中間に一を添えて冗とすると形がとりよい。また、口扁に兄でもかまわない。

能　旁は、二を縦画でつらぬいて、右にハネ上げ、点で止めるのが書写体。

眞　上を十にし、左の縦画を作らないで一にするのが書写体。

虚　壬冠に二本立てて、両側に点して一とするのと、丘にするのと、どちらでもよい。

説　旁の口をムとし、そのままノに続けるのが自然の変化で、常用体。

掲　才扁とする書き方もあり、羊扁に書く場合もある。

呵　口扁は言扁にしてもよい。

以上であるが、このほか一般写経に用いられているもの（136〜137頁参照）では、

佛　旁の第三画の転ずる画は多くの場合略される。これも速写の都合上と結体の簡素化から書き馴らされたものである。だから単独の弗字には必ず書く。

第　竹冠を草冠に書くものが多い。第のほかに、節、筆、箱なども同じである。

切　扁を十にして、上にハネないのが通用体である。

世　中の短い一が省略されて、三十と誤りやすいようだが、昔の三十は下に横画を添えないもの、添えても中と右の縦画を継ぐに添えるものとあって、世と誤ることはなかった。

陀　旁は施の字と同じように書くもの、ずっと古くは也だけに書く。

悪　これは書きにくい形であるが、中央の一を省略して西に心とすれば比較的書きよい。ただし西にしても下の一は左に出る形にする。

最　宀冠に取字でよい。あるいは宀の点も省略して冖冠でもよい。この時は下に一点を添える。

作　普通作字の旁は扁よりも下がるのが形であるが、写経ではあまり下を長くするのを嫌って、旁の縦画の下に最後の横画を添えるものが古体。

藏　左側の爿を略す。当用漢字では古体に戻っている。

尊　この字は古人もいろいろな書き方をしている。上の二点をハにし、酉の中の縦画を上に貫くが、その下に長い横画を引く。これは長形になりやすいから、それを救うために長くするので、下の寸はそのため小さく書く。

災　宀冠に火が古体である。こうすれば戯蝶よりも書きよい。

戒　廾の部分をユハと合わせた形に書く。

留　死と田に書くのと、上を口二つを並べる場合とある。

寫　臼を旧にして、その下に一横画を添えて下を鳥の如くにまとめる。

岡　四に山と書く場合もある。剛の扁などには、悪の西と同じように四の下の横画を左に出す。

那　左端に一縦画を添えて書くもの（古体）が多い。

捨　手扁が才扁となるものが多い。方扁も同じである。

願　この扁はフと貝に作る。原に書くのは辞典体である。

爲　爪の冠をソの字に書くのが普通、中部を引きしめることが肝要、四点は一横画にしてもよい。

喜　全部書いてしまって、最後に縦画で貫く場合もある。点は一つに略す。

修　イ扁を彳扁に作るのは、148頁に後述する。旁の方の書き方はノと一をして、その下に有字を書くのが普通である。

皈　帰字で白を自にも書く。

悩　旁の下を山にし、上の戯蝶は縦画三つを立て、終りの方を右に曲げる。また古体に立心扁に怱を書くのもある。

延　一見衣の上二画を取ったような形、えんにょうは辶と同じに書く。

共　上の横画を二点にし、あるいは草冠にも書く。

齊　下の部分を日にする。

歳　上を山とし、成などの戈法の「タスキ」を省略したものが古体にある。

曾　中の小はハに作ることが多い。

藤　終りの水を木に作るのが普通で、光明皇后の願経に限って、そこを糸に作ってある。これは則天武后に倣って作られたものと私は考える。

勝　旁は二点の間を縦に貫いて二を添え、線を続けて「か」の字のようにするのが普通である。

佛、菩、薩、經、経、第、切、

世、陀、悪、最、作、藏、尊、

災、戒、留、留、寫、岡、無、

那、捨、亦、亦、願、爲、喜、

修、修、羅、皈、悩、惚、法、

法、延、共、齊、歳、滅、減、
曾、藤、勝、邊、假、叔、寂、
寂、是、足、定、刹、爾、爾、
觀、観、蜜、藐、説、召、昭、
處、斷、斷、離、雖、發、復、

邊　この字は方を口に作る場合も多く、また鳥の四点を刀にして、しんにょうをかけるのが通体である。

假　中を镸と書く。

叔　この字は尗と書くので、これに宀冠をすれば寂である。寂は別に家の最後の二画を忘れたようなものが古体である。

刹　扁は夂の下に小と書くのが普通である。

爾　尓あるいは尒と書く。弥の字も同じこと。

召　たいていの場合上の刀はソの字に書く。

處　下に処を書くのは活字体である。

斷　この字は㡭の字を並べて、一と山を書くのが通行体であるが、略して米に乚としてもよい。

離　扁を禹に書く古体（離）もある。扁を云と内とを上下に書く。大変書きよい省略法である。

雖　扁の虫の縦画は上の口を通してもよい。

このように、写経に用いられている文字は何千年も前から書きつがれてきたものでありますから、決して間違っているのではないのであって、時代を追うて用字の書き方が変わって行ったまでです。ただ今の当用漢字のようなものです。

武周文字

このほか、武周文字というのが、写経の中にも往々書かれていますから、これについても念のため記しておきましょう。これは則天武后の治世の中に碑刻に上せて後代に伝えようとしたもので、一時的の通用に過ぎませんでしたが、年号に多く用いられました。武周は僅か

（上から順に）

1載 2初 3授 4證 5聖 6年 7月 8月 9日 10正
11天 12天 13地 14星 15人 16君 17臣 18國 19照 20年

（最後の年の字は武周文字ではないが、これから変化したものであろうかと思われる）

十五年でしたが、その間、十四回も改元になっています。載初元年に自ら「照」と号しましたので、明と空との合字ができました。次いで、載・初・授・證・聖・年・月・日・正・天・地・人・星・君・臣・國の十七字ができました。このうち、年は千万千万を合わせ、地は山水土を合わせ、人は一と生、臣は一と忠であります。國は中を八方としていますが、日本でも「敵圀降伏」の御宸翰や、「徳川光圀」の名にも使用され、年はさらに省略したものが往々伝えられています。

このほか、異体文字ではありませんが、扁（へん）と旁（つくり）を置き替えたり、上下に重ねたりすると、一寸別字のような感じがする場合があります。それは故意に複雑に書くのではなく、同字の並ぶ場合の変化などを考慮に入れて書くのでありまして、好んで異字を書くのはよくありません。例えば

咊秌枩朞

和　秋　松　期（下二字は上下に）

結構の上から変化する場合（彡の下に来る場合は小にするなど）、

香基鼎高參奇若異涅
槃得所

（香、基、鼎、高、參、奇、若、異、涅、槃、得、所）

あるいは省略する場合、

師鬼塊般色聲絶後乗

（師、鬼、塊、般、色、聲、絶、後、乗）

などのように、これらは上のノの一画を略すのが通行体となっておりますし、色、聲の一点も略すことが多いのですから、これらをもってただちに誤字と見てはいけません。

摩訶般若波羅蜜多心經

觀自在菩薩行深般若波羅蜜多時照見五
蘊皆空度一切苦厄舍利子色不異空空不
異色色即是空空即是色受想行識亦復如
是舍利子是諸法空相不生不滅不垢不淨
不增不減是故空中無色无受想行識无眼
耳鼻舌身意无色聲香味觸法無眼界乃至
无意識界无无明亦无无明盡乃至無老死
亦無老死盡无苦集滅道无智亦无得以无
所得故菩提薩埵依般若波羅蜜多故心無

想究竟涅槃三世諸佛依般若波羅蜜多故
得阿耨多羅三藐三菩提故知般若波羅蜜
多是大神咒是大明咒是无上咒是无等等
咒能除一切苦真實不虚故說般若波羅蜜
多咒即說咒曰
揭諦揭諦　波羅揭諦　波羅僧揭諦　菩提薩婆呵

般若心經

昭和四十年一月大寒二日齋戒謹書田中英市

『般若心経』書写手本
（※220頁のＱＲコードからアクセスすれば、PDFを閲覧、ダウンロードできます）

一八　学習には——手本のこと

私のところへ、これから写経をやって見ようという人が、よく訪ねて来られますが、たいてい同じように、手本にはどんなものがよいかと尋ねられます。これに対して私は二つの答えをもっています。一つは、自分が信仰のために書くのなら、文字の善い悪いは二義的に考えてよいから、書き方の様式を一通り説明してあげます。また信仰も信仰だが、そればかりでなく、文字も上手になりたいと希望するものには、一通り写経体の説明をしてあげます。そのほかに、写経とはどんなものか、それを説明してくれという人もあります。そういう人は、自分でまだ書くという気になっておりませんので、半信半疑のまま人がすすめるから来たというのであります。しかし、たいていの方は、だいたい「写経」というものが結構なもので精神陶冶に相応しいものであると知って来られるのですから、「私は筆を持つのが一番苦手ですが、やれるでしょうか」という人がほとんどです。中には自称書家という人もいまして、智永がどうの、欧陽詢がどうのと、書道のことなら、こちらから言わない先に説明してくれる人もあります。そんな人でも、帰る時になると平身低頭していくのを見ますと、写経の威力というものをつくづく感じます。ここでは、以上の人たちに、お習字をしてもらうつもりで話を進めてゆくことにいたします。

まず、写経すれば誰でも文字が上手になるのは疑う余地のないことで、この点、写経のご利益は「てきめん」であるといってよいでしょう。写経は細字の楷書ですから、実用文字の練習としてすぐ役立ちますので、私は「写経書道」という項目が書道の中にあってもよいのではないかとさえ思っています。奈良朝の写経生の書いたものをとって見ましても、相当の手腕を身につけていることが解されます。ただ写経は、書家のいう神韻躍動の妙を貴び、一気呵成に書き上げるものではありませんから、書家の芸術的作品とは趣きを異にするものであります。しかし、どこまでも精神的書写であり、謹厳な細楷は、統一した身心から滲み出るもので、「行々華文を列し、句々深義を含み」の語句そのまま一貫性を持しているものですから、その崇高さは何物も及ぶものではありません。書家には書道の立場から写経の価値を論じようとする人もあり、また全然目もくれない人もあります。しかし、日本書道が写経によって急速な進歩を遂げ発展してきたことを知っている人は、決してこれを等閑視しないのであります。その崇高さはまさに仏教美術であるというべきでしょう。

初めは大字によって練習すること

なぜ大字をやる必要があるかと申しますと、筆法がわかりやすいということと、大字で基

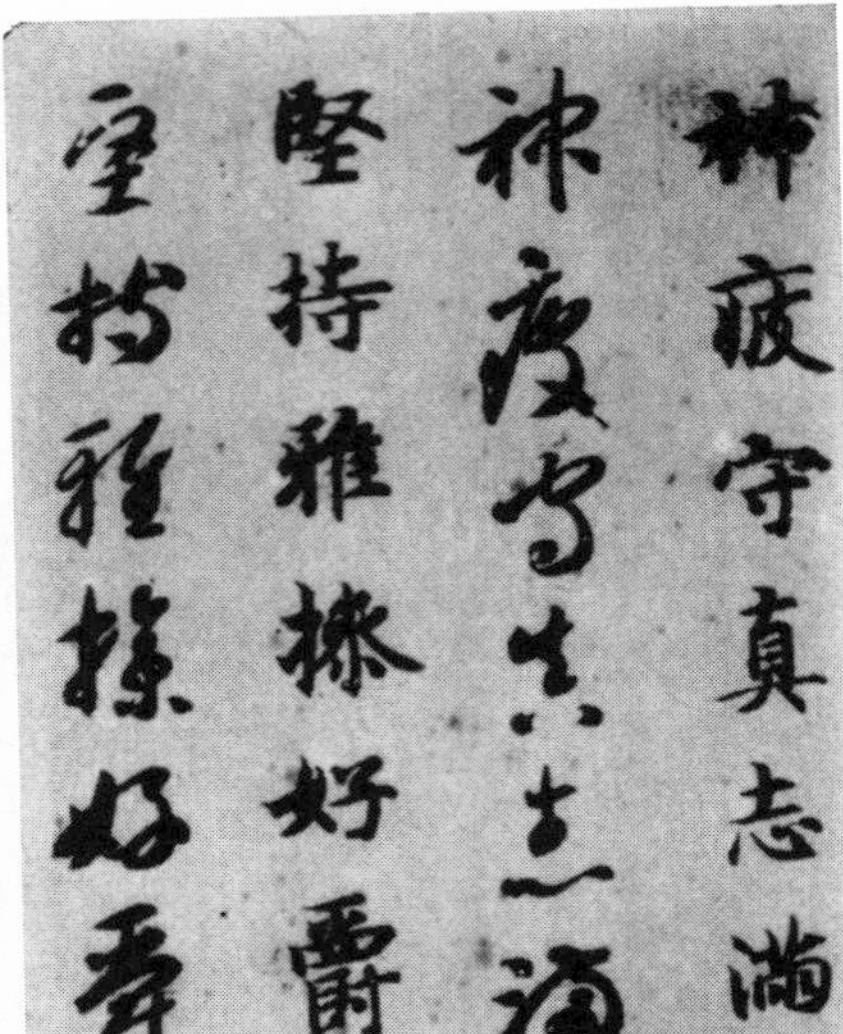

智永『真草千字文』（真跡本。部分）

礎的なものを練習しておきますと、細字の運筆が早くなり、無駄のない線が引けるようになるからであります。では、その手本の撰定ですが、中国で楷書の典型的なものは初唐のものであります。虞世南、欧陽詢のいずれでもよいのですが、私はその一時代前の智永の『真草千字文』を推したいのです。

智永は、書聖・王羲之七世の孫で、陳から隋にかけて生存した、呉興の永欣寺に住して書名が高かった人です。かつて千字文八百余本を書いて、浙東の諸寺に施したといわれ、殊に細楷に優(すぐ)れておりました。今日その千字文と伝えられているものでは、『宝墨軒本』『関中本』『谷氏本』の三種が有名であります。このうち、谷氏本は日本所伝の真蹟本であって、十字詰二百二行、中字で習字用として好適なものであります。関・宝の二本は、ともに拓本であり、殊に関中本は磨損が甚だしく、筆意が明瞭でないので初心の人には適さないと思います。谷氏本についても異論はありますが、料紙からいっても相当な年代を経ており、異体文字の点から見ても、同時代をあまり下らないものと思われます。故内藤湖南先生などは献上本であろうといわれていました。関中本の跋には、隋唐間の学者はこれを宗としていたと記しています。また家法を伝えたとあれば、王羲之の書法を伝えていたことを意味しますから、この本がたとい智永の真蹟でないとしても、智永を学んだ人の手になったものであることは明らかといえます。また智永の弟子であった智果は、永興寺に住していましたが、羲之の『奉橘帖(ほうきつじょう)』の奥書に

開皇十八年三月廿七日　釈智果

と署名しています。智果のこの楷書を見ると、全く写経体の標本であります。『書断』という本には、

「石に書銘するに工なり、常に永師に謂って曰く、和尚は右軍の肉を得たり、智果は右軍の骨を得たり」

とあります。右軍は王羲之のことで、和尚は智永のことであります。智果自ら、右軍の骨を得たりと言っているのは、よほど自信をもっていたものと思われます。時人もまた智永・智果を双璧として、その書を祖述していましたから、いわば王羲之正統の書風であります。私がこれを写経の基礎手本として推す所以もそこにあります。ですから写経には、この本の楷書を手本にされたらよいと思います。中国では、晋の南渡より隋の統一まで、約二百七十余年間南北両朝に分かれて、南朝では儒教、北朝では仏教が育ちましたので、文化はそれぞれ特異な発達を遂げています。これを統一した隋の煬帝は非常な崇仏家で、戦禍のために灰燼に帰せんとする多くの経典を国内に勅して蒐集させましたが、その数は実に十万巻といわれています。この煬帝が智果を愛して採用したこともまた、この書風を盛んならしめた原因の一つでありまして、これが隋以来統一された写経体であると私は信じております（「隋時代の写経」202頁参照）。

異体文字について

智永千字文の楷書は実に遒麗秀潤というか、豊かな肉があって、見るからに温か味が感じられ、智果の写経体と全く同じであります。千字文というのは、四字宛一句になって千字を以て完結し、その間一字も重複していないので、漢字千字の書き方を教えてくれるものとなります。ところが、この本を習っていますと一寸読めない字があちこちに出て来ます。これがすなわち異体文字です。ここに三十三字を抜き出して見ると、次の如くであります。

歸彼洴競嚴受対寫畐郡漆

肥寔魏鴈塞縣寵尋葙條執

顛獲步歷冣啓據定国髮循

これは何だろうというぐらいなら誰でも二十五、六字は読めますが、どうも見当のつかないものが五、六字はあるはずです。なぜこんな字を書くのかと思う方もありましょうが、それは、あたかも近年制定された当用漢字だけを知っている者が、旧制の漢字を知らないのと同じで、こうした字体が当時の当用文字であったのです。書家はよくむつかしく文字を書くと一般に評されますが、古体を多く知っていますと、同じ字を幾つも書かなければならないときに、変化が出しやすいからであります。変化ということは、書作品として観賞する場合の一つの要件でもありますから、写経においても、このような異体文字を書いてさしつかえなく、むしろ多く知っていることをお勧めいたします。古写経に慣用文字としてたびたび用いられておりますのも、変化をもって重複感を救うからであります。

前述の三十三字の異体文字の一つ一つについて、左に簡単に説明しておきましょう。

歸（歸）——扁の上にノがなく、下の止が山になっている。

彼（彼）——ｲ扁が人扁になっている。一寸現代人の考えからすれば、許されないことであるが、この当時、イｲの両用時代がかなり長く続いた。

泙（染）——一寸誰にも読めない。淬なら合点がいくが、染をこう書くことは許せない気がしよう。

競（競）——口の中に一画余分にある。これは京、就など皆同様にかく。

嚴（嚴）——中の縦画が同じく余分である。

受（受）——上部を一に小と書き、下の又を丈に書いてある。

対（叔）——これも一寸読めない。叔がなぜこんなになるのかというと、まず、叔字の上の下に小を書き、その右へ又を書いて見ると、ほぼうなずけると思う。

寫（寫）——むずかしい崩し方である。臼の下に一を一本添えてある。

啚（圖）——これは、旧制漢字の口を取って裸になった姿で省略体である。

磐（磐）——舟が月になっている。写経では舟のノの省略は普通である。

泶（漆）——一寸読めない字、始めて見る人が多いであろう。

肥（肥）——巴の一点を省略している。色、絶、皆同じである。あっても、もちろんよい。

寔（寔）——当用漢字にはないが、旧制にはある。ただ宀冠が穴冠になっているから祖父体とでもいうべきか。

魏（魏）——旁の鬼にノがないのは通体であるが、その下に山がくっ付いて複雑極りない。

鴈（雁）——厂だれが广だれになっている。隹と鳥は小鳥と大鳥の違いで両用される場合がある。

塞（塞）——横画が一本多い。冗画字、古体。

緜（綿）——扁と旁とを置き換えて、わざわざ読みにくくしたと思うかもしれない。和、秋などよく書かれる。

竉（寵）——これも宀を穴とした冗画。

尋（尋）——中央を口二つ並べてすましてある。

箱（箱）——竹冠と草冠とは両用される。但し、節、筆など限られているようである。

條（條）――イ扁が彳扁となっている。これも前述した。

執（執）――扁の幸の横を一本多くして、更にハを加えて複雑になっている。

願（願）――原が変な崩し方であるが、写経体ではほとんどこれである。

獲（獲）――旁の又を上の縦画を引く序に書いてある。これも常用の体。

歩（歩）――山と少に見えるが、縦画を通してある。山にする方が形としてよい。

歴（歴）――雁と同じく垂れが广垂れになっている。

㝡（最）――宀冠に書いてある。これも常用の体。

啓（啓）――戸が石になり、文が又になっている。

摻（操）――旁が参の古体になっているが、下の小は彡の書写上の変化である。

定（定）――下部が略体になっている。筆順がよいから常用される。

囙（因）――中の大が工になっている。更にコとなるが、どれも変化である。

髪（髪）――友が火になっている。理由は分からないが、よく書かれる体。

脩（修）――イが彳になるのは前に述べたが、旁の彡が月になるのは、古体として常用する。

このほか、省画、冗画は到るところに出てきますが、要するに南北両系の書風形態の相違であり、結局は両朝の文化発達による遅速差を示すものであります。故に南朝系といっても、都のあった建康を中心として発達したものですから、その影響を受けない辺陬の地にあっては、やはり北朝のそれと同じように、粗野な古法が行なわれていました。また北朝を見ますと、魏に支配された漢民族の文化は新疆に流れて胡人独自の感覚を盛り、隷書とも楷書ともつかない一種の様式を備えましたが、北魏の統一によって、これが豪強素朴なものとなります。このような変遷をたどるうちに、自然字画に乱れを生じたわけで、これを今日では異体文字といっています。

この異体文字は、文化の進運に伴って統一されつつ、その数を減じて行くべき性質のものであります。そこで六朝時代の文教を見るに、梁には国子学や五館を設けて五経博士をおき、北魏もまた中央に大学を、地方に郷学を設け、それぞれに学制が布かれましたから、この文教策に伴って、文字の粛正も当然行なわれたのでした。梁の庾元威が当時の文字を論じて次のようにいっています。

「省くことをむさぼり、異なることを愛し、頭を濃にし、尾を繊にし、腰を断ち、足を頓げ、一と八と相似、十と小と分かち難く、等の字の寺を屈げて勾の如くにし、前の上を変じて草冠とす。皆王蕭を祖述すると言いながら、日毎に訛謬することあるも妨ぐるなし。」

これによれば、いかに書写体の混乱していたかが窺われるとともに、粛正の行なわれたことをも証しています。こうして中国では、隋・唐の七世紀の初め頃に楷書（かいしょ）の典型ができたのであります。唐の貞観元年には弘文館内で、文武職事五品以上の者は書道を学んでもよいという令が出ていますが、その時の教授の任に当たったのが欧陽詢と虞世南でした。虞世南の書は平静温雅であり、欧陽詢の書は峻厳端正で、共に初唐における楷書の典型を造り上げた人であります。殊に詢は理想を強く表現し、力感と安定感を具備した建築性の形態を確立しましたので、古来これを欧法といって、楷書の極則と評したのも故なきことではありません。この欧・虞の筆法が混然一致して精彩ある唐の写経体はできあがったのであります。日本の天平時代は、この写経体で風靡（ふうび）されています。

以上、異体文字の解説を簡単にしましたが、写経の基礎となる大字の手本には欧・虞の先駆をなす智永の千字文を推し、進んで実際の写経には、虞・欧の混合体である唐代の写経体をお薦（すす）めするわけであります。しかし前に申しました通り、写経は精神的書写でありますから、書法にこだわる必要は少しもありません。ただ、同じ書くなら、きれいに書きたいという人の要求に応じて示したのであります。

一九　筆写体と辞典体

写経は神聖な経典を写すのですから、書体のうちでも謹厳を旨とする楷書体に書かれることはいうまでもありません。そして略体で書かないこと、同一の字を繰り返す場合でも同じであります。そこで、少しく文字の生い立ちを参考までにお話しておきましょう。

およそ漢字は、今から四千五百年ほど前に、蒼頡（そうきつ）というものが造ったと伝えられています。その後、周の宣王の時（約二八〇〇年前）、篆書（てんしょ）という書体ができ、春秋戦国時代には、多少地域的に字形を異にしていますが、周末まではほとんど大差はありませんでした。これまでを古文時代と称しています。乱世を統一した秦の始皇帝は、儒者を殺し、書籍を焼き払った暴君ではありましたが、一面からいえば文字改革の恩人であります。李斯（りし）をして新しい篆書を制せしめ、一般公文書に用いて、これを小篆（しょうてん）あるいは秦篆（しんてん）といっております。続いて漢の時代に、隷書（れいしょ）・八分（はっぷん）という書体ができました。形からいえば、篆書は円味（まるみ）のある筆画を引き伸ばして、一種の装飾的な書方ですが、隷書は飾り気のない素朴で簡単なものであり、八分は、この隷書に波磔（はたく）（ハネ）のある筆勢を表わしたもので、今日でいう隷書のことであります。どちらも書写に便利なように、速写に適するように表現したものであります。

楷書は、隷書からさらに整斉されたもので、これが後世一般に用いられている筆写体になります。この筆写体を理想的なものに推し進めたのが東晋時代の書聖・王羲之であります。ところが一方、後漢のころ、許慎（きょしん）という者が『説文解字』を撰（せん）して字義を明らかにしましたので、ここに初めて文字学が起こったのです。そして後世複雑な漢字の統一整理にあたっては、多くこの説文を規矩として行なわれましたので、書き馴らされた筆写体（書写体）との間に筆画に相違するものができたわけです。

筆写体の方は、その後いかなる進歩を遂げたかというに、晋時代においてその根底をつくり、隋から唐に入って最もよく整理されたのであります。隋の文帝・煬帝（ようだい）は経巻に心を用いましたので、写経文字の統一も自然この時に行なわれました。わが天平経の書風も、この隋・唐からの輸入であります。唐の太宗は天下を統一した英主であっただけに、文字にも大いに心して、王羲之の書を好んだことは誰しもよく知るところであります。上行なえば下これに従うで、天下は靡然（ひぜん）として王羲之を宗とし、その書法が喧伝され、中国書道史上最も華やかな時代を現出し、有名な書家も多く輩出しました。中でも虞世南・欧陽詢・褚遂良（ちょすいりょう）・孫（そん）過庭（かてい）などは最も優れた書家といえます。

いわば筆写体は、永い伝統をもって書家の間に書き馴らされた体であり、活字体（辞典体）は、理をもって字を解いたものであります。

いま筆写体と活字体との相違について一例を示しますと、「徳」の字は、筆写体では中間の横画「一」を省略するのが普通ですが、活字体には必ずあります——当用漢字では「徳」となり、筆写体になりました——。これは会意文字で「直」と「心」を会して「直き心は徳」という意を表わすのであって、更に前にさかのぼれば、古文の直は「十」と「目」の会意で、多くの目、すなわち衆の眼で見れば直しという意であります。下の曲線は、物を隠蔽する意を表わした線ですから直字の下は一画であります。ところが、活字体では左から下にかけて曲がっていますので、書くときは縦と横の二画に書く人が往々ありました。これがすなわち篆書から出ている証拠で、書写上誤りやすいものであります。この直字の下に心を添えて悳（徳の古文）字ができています。この悳は後に、少しずつ進行の意を含めて、彳を扁に添えて、現在の徳字ができたのであります。この場合、目が横になって「四」の字と同形になっていますが、それと同時に隠蔽の曲線は一横画となって残っています。もちろん書写上の変化でありますが、それならば、なぜ直字の時に一にしなかったかということになります。また、「内」の字は中を入に書くのが活字体であります。入の古文があたかも楷書の人

悳（徳ノ古文）

字の形をしていますので、楷書では人に書けばよいわけで、わざわざ形のとりにくい入字に書かなくてもよいのです。青字の下の丹を点と一にしなくても、二画でよいのです。

筆写体	所	従	珎	分	乹	専
活字体	所	從	珍	分	乾	專

筆写体	争	流	鬼	能	講	此
活字体	爭	流	鬼	能	講	此

筆写体	幾	體	觧	夲	兆	考
活字体	幾	體	解	本	兆	考

筆写体	為	甚	辟	偹	厝	頼
活字体	象	甚	譬	備	措	賴

足 肅 聽 狀 名 第 祭 曹

足 肅 聽 狀 名 第 祭 曹

或 惡 雜 切 殺 發 卷 旨

或 惡 雜 切 殺 發 卷 旨

受 場 含 回 虛 兒 龍 寫

受 場 含 回 虛 兒 龍 寫

私 尼 歸 徒 節 害 器 歲

私 尼 歸 徒 節 害 器 歲

誦此經破十悪五逆九十五種耶道若欲供養十方諸佛報十方諸佛恩當誦觀世音般若百遍千遍无間晝夜常誦𩔖无不果

このような例は幾らでも挙げられますが、要するに筆法なり画法なりというものは、自然の運筆がそのようになってくるのであって、「ハネ」が有るとか無いとかの議論は取るに足らぬものなのであります。だから活字体を見馴れている現代の人には、書写体というものは異字か略字の如く考えられるのですが、これが正しい筆写体であります。故に写経に用いている字体は、楷書の書写体で、晋・唐の正体であることを忘れてはなりません。とともに、写経の手本にも活字で印刷されたものでないのを撰ぶことが初心者にはよいと思います。

(なお、158〜159頁に掲げた例字は、上が筆写体で、下が活字体です)。

心経の終りの功能文を書いておきます（111頁・116頁参照）。

二〇　細楷の練習法

徹底した練習法を

写経は細字の楷書であります。細字には細字の習い方があって、筆の使い方も大字とはおのずから違います。つまり細字は実用文字ですから、早く、正しく、美しく、ということを目標として習うべきであります。

そこでまず、古人はどんな練習方法をしたかを知っておく必要があります。習い方には二つの方法、すなわち、多くの字を一通り習い、また繰り返して練習する習い方と、一字を幾回も習って次の字に移る習い方とがあります。極端にいえば、異なった字を十字習うのと、同じ字を十回習うのとの相違であります。この二つの習い方のどちらが効果的であるかを検討して撰ぶべきであります。

いま学校などでの習い方は前者であって、後者を撰んでいるところはほとんどありません。書に限らず、短い期間に多くを習得しようというのが、今日一般の学問の傾向でもあり

唐人の細字練習（肉筆、燉煌出土）

ましょう。書もそれに倣（なら）っていますから、字の上手な人が少なくなってゆくのも無理はありません。

一字を何回も書くことは、その字の書き方に徹底することでありますから、手本を離れても結構ひとりで書けますが、一字でも多く習っておこうとすると、その字に徹底しませんから、おおよそなことを書くことになります。相当に教養のある人が、まちがった字を平気で書いているのを見ますと、確かに習い方の結果だと思われます。また、そうした人たちが多くなって来ますと、似ていればよい、判読できればそれでよいではないか、という考え方に移行し、ついに漢字撤廃論者になるということもあり得るわけです。それは漢字の構造の「こつ」を覚えていないので、本当の字が頭に浮かんで来ないのであります。習字の時に徹底していないから、こうした恐ろしい結果をもたらすことになるのです。なるべく後者の習い方に拠（よ）る、すなわち一字を何回となく書く習い方を、おすすめいたします。ことに写経は誤字があってはなりませんから、徹底する習い方をとるべきであります。

書道博物館には、燉煌（とんこう）出土のもので他に見られない珍しい唐人の細字の練習の肉筆がありま す（右頁図版参照）。それを見ますと、一字を七、八十字ぐらいずつ習っています。写真に出ている部分は「覺」「霞」「壽」のところですが、欧陽詢の筆法を学んだ人らしく、覚の下の見の最後のハネ上げるところ、頭が比較的大きいことや、寿の結体、横画の長いところなどに、いちじるしくその特徴が見られます。覚字を六十五字ばかり書いて、その日（卅日）は終わり、翌八月一日は放としてありますから、これは放課の意味でありましょう。一日休んで、また続いて霞を八十字（五行）、寿を八十字といった風に練習しています。これは唐人の子供の家庭における練習と思われますが、中国の中流以上の家庭では、このようにして、しつけられていたのであります。今でも中華民国の学校習字はこれを踏襲しているようです。こんなに多くはありませんが、半紙を縦（たて）にして罫（けい）を引き、それを横に十、縦に十に割って、上欄を横に、異なった字を手本に印刷してあります。それを下へ下へと見て写してゆくのです。つまり同じ字を異字十体で十字ずつ書くので百字を書くことになります。ただし、もっと大きく六、七字にしたのもあります。

わが国でも上古は、この方法が伝わっていたらしく、奈良朝の写経生の練習法を正倉院文書の紙背などに見ると、やはりこの方法であったことが知られます。筆だめしの楽書（らくがき）に同じ字を六、七字あるいは十二、三字も書いたのが数ヵ所ありますから、その当時の練習の仕方も察しられます。私も写経にはこの要領でいきたいと思います。142～143頁に掲載しました心経も、なるべくこの方法で、初心の人は少なくとも一字を数回書いてもらいたいと思います。

筆法

筆法というものは、初心のうちはあまり拘泥（こうでい）しない方がよいと思います。というのは、筆法を聞いていると、字はいよいよ書けなくなるような気がするからです。しかし、習うからには、多少知っていなければなりません。要するに筆法は、習いやすいように部分的に説明したもので、指導するために作ったのでありますから、その通りに書かなければならぬというものでもありません。だから人によって教え方も違います。

さて、紙に向かっていよいよ書く場合、平静な気持ちでまず墨を磨ります。墨の磨り方は、心持ち手前に倒して前方に押すようにして、◎のような渦形に磨るのです。手に力を入れ過ぎますと墨が小刀のようになります。硯の面の上だけで充分です。水は二、三滴、海に流れ込まないくらいでよいのです。

手本は左に置きます。なるべく料紙の近くにある方が眼が疲れません。手本が肉筆であれば、これを見て習うので、書の方では臨書と言います。手本が活字か木版のように印刷したものであれば、その通りに習うのではなく、書く字の形は意にまかせて自由に書くことになりますから、これを自運と言っています。いずれにせよ、手本となるものは、よいものを撰ばねばなりません。臨書の場合では、まず手本を熟視することです。全体の空気を見て、それから一字ずつについて、その字形なり、太細なり、その特徴を見てゆきます。

ここで少し一般的な筆法を説明しておこうと思いますが、芸術書と実用書とはここから分かれるのです。すなわち、芸術書は、筆者の個性を強く打ち出しますので、その持ち味が鑑賞価値の高いものであるか否かによって評価されますが、実用書は、早く、正しく、美しく、という三つの条件を必要としますので、その書は、誰が見ても一見美しく快い感じを与えるものでなければなりません（といっても筆で書く文字には、そこにおのずから筆者の個性は現われますが）。ここでは、写経として学習するのですから後者を撰ぶわけであります。

文字の構造

われわれの書く漢字は一字ずつ皆それぞれに意味を持っていますから、その字を見ると、人の顔や形のように思われることもあります。それもそのはず、古文の成立から言いますと、象形文字といって物に象（かたど）ってつくられたものでありますから、きわめて簡単な線の集合であったのですが、それが写実的に発展したものが絵であり、簡素化して符号となったものが字であります。そんなわけで漢字は、簡単な縦・横・斜の線が集まって形成されていますので、筆法を習うことは、この一つの線をいかに書けばよいかを研究することであります。

横画

横に引く線を三様ぐらい覚えておくこと。

〔イ〕は筆を軽く紙に当てて次第に力を加えてゆくもので、それに長短二様があります。長い線はよく馴らしておかないと、なかなかむずかしいものです。次第に圧力を加えるといっても最初のところだけで、中間になっては、そのまま筆勢（早さ）にしたがって引き、最後の止める場合も、筆圧を加えるのではなく、来た方向へハネ返しておくのです。筆を押さえると線の下に筆の腹が出ますが、これは一番まずい書き方です。

〔ロ〕 次は、最初の筆の当たりから最後まで同じ筆圧で一気に引くやり方で、止め方も前と同じです。

〔ハ〕 次は、〔ロ〕の場合のように斜上から打ち込んでいくのでなくて、上の線の勢を受けて、その勢を紙に突込んでから引く書き方で、これは短い画（かく）にはありません。

以上の三様の仕方は、ただ打ち込みの要領が違うだけのことなのです。いわば〔イ〕の方は、点線で示すように空間へ飛び上がって静かに紙に入る、〔ロ〕の方は角度を整えて打ち込む、〔ハ〕の方は筆先が紙面すれすれに運んで直接に入るので、このような筆の当たり方となります。しかし、この三様をよく練習しておかないと、細字の楷書は書けません。この

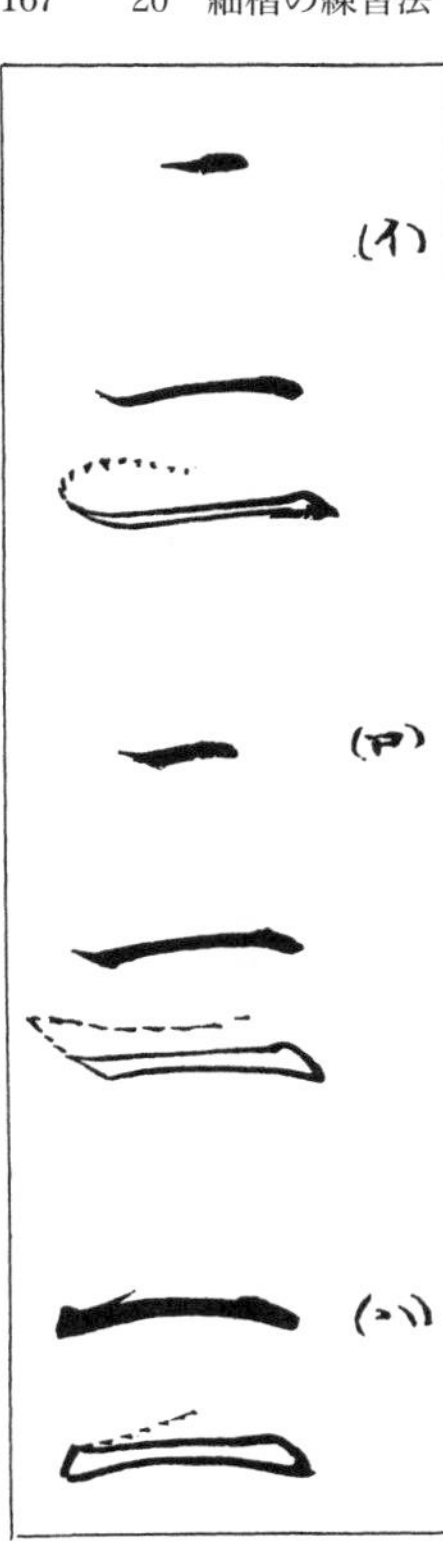

使筆は速度を伴うもので最も多く用いられるものだからです。

縦画

横画が三様できれば縦画は何でもありません。理屈なしに、横画を裏返しにして縦にしてみれば、それが縦画の手本であります。穂先（筆のさき）の通り方も同様に通れば、それで出来ているのであります。ただ縦画の場合は、左から右へ移ってゆく筆順の都合で、線の下部の形が〔イ〕〔ロ〕〔ハ〕と同じようになりにくい点が違っています。それは腕の運動に関係することであって、誰でも横には引きやすいが、縦には引きにくいものです。それだけに縦の練習は横よりもよく馴れておかなければなりません。ことに懸針という下に抜く画が、どうかすると歪みやすいのです。「縦せんと欲すれば横せよ」ということがありますが、それは縦画を引こうと思えば、横から入れということであります。横から打ち込んで、穂先に弾力をつけて、その勢いでサッと下に抜くのであります。まっすぐに引いたつもりでも倒れやすいのが普通です。長く引くつもりでサッと抜くと案外楽に書けるものであります。

転折

横から縦に方向を換えるときの書き方であります。その時、おさえたまま転じようとすると、くるりと穂先が回りますから、稜角が表われます。軽めに転ずれば、はっきりします。

天平経などは雀頭筆（じゃくとうひつ）という穂先が急に細くなった筆で書いたものでありますから、稜角が鋭く表われています。

鉤法

これは縦画の終りをハネ上げる書き方であります。細字の場合は、あまりかたくなると書けません。ハネようと思うとなかなか出来ませんが、平易に縦画から次の画へ移るとき、そのままハネれば簡単にできるものです。

（縦画）

（転折）

（鉤法）

三折法

（波法）

左払と波法

左に抜くものと、右にハネる画のことです。左払には長短さまざまあって、適当に抜けばよいわけですが、長いものは終りの方に少し圧を加えるくらいにして抜けばよいと思います。波法という右にハネるのは一番難物です。筆法を細かくいえば、三折法といって三つに折れるようになっています。「大」という字でいえば最後の画の場合です。第一折は画の中に入っているから分かりません。眼に見える部分は二折と三折です。二折も斜右に下りながら穂先が上に向いて止まり、そのまま右へ抜くのです。その止まった時に角ができますので、非常に鋭どく勢いよく感じられます。ただこの場合、ハネないで下に抜く書き方もあります。抜くといっても勢いを籠(こも)らす心であって、波法の変化で穂先の通り方がちょうど逆になればよいのです。これも字形による変化の一つであります。

結構法

いままでのは一画の書き方でありますが、これらの画を組み合わせて文字はできあがるのですから、その組み立て方には何らかの約束があるはずです。前のを運筆法というのに対し、これを結構法といっています。つまり建築のようなものです。

少し理屈めいてきますが、横画を二本上下にすれば二の字であるが、二本の画に長短があることは周知の通りであります。上を長く下を短くしては誰も二の字に読んでくれません。

ここに二本の横画を二の字に読ます方法があるわけです。ところで、長短を付けただけでは活字の「二」の字で、まだ完全とはいえません。これに生命を持たせて、生き生きとした字に見せるのが筆で書く字の特色であり、いうにいえないよさであります。この二本の横画を生動させるには、これに背反した反りをもたせることであります。すると上の図の形になって、中央部に圧力を感じるので、そこが中心になります。上の線は天を仰ぎ、下の線は地に俯す、これを俯仰法と言います。したがって、いかなる字でも横画が二本以上ある場合は、互いに長短を付けて、この俯仰法をとるものと常に心得ることであります。横画が主になっているものを挙げれば、

三、晝、筆、隹、工、自、菩、共、時、五、識、諸、生、春

このように数限りなく出てきます。

次に縦画の場合は、)(()の二様となります。上掲の図でいえば、右が背法で、左が向

俯仰法　（左）向法、（右）背法

結構法　初唐の欧陽詢(上)、中唐の顔真卿（下）

法ということになります。人に例えれば、右は〝左様なら〟で、左は〝今日は〟の挨拶であります。どちらも覚えておかないと、人と交際ができぬと同じように、写経も書けません。だから縦画が二本以上ある字は、このどちらかを使用して形をとることを、これまた忘れてはなりません。この縦横の線の曲げ方を心得ておけば、字が引きしまって生動してまいります。

例えば、井の字を書いて見ると井、これでは只の縦横二本宛を組み合わせただけで、井筒の形ですが、文字としては不充分であります。これを俯仰法と背法とで書けば井となって、中心が引きしまってきますから、各々の線が生動します。しかも大きさは前と少しも変わりません。

それから國という字を見ますと、左右に二本の縦画がありますが、これは向、背のどちらを使ったらよいかというのに、どちらでもよいのです。右上に示した二字は、上は背法をとり、下は向法をとって書いたものです。この二字を比較して、どちらが好きかということになるのですが、どちらも筆法にかなっています。上は初唐の欧陽詢の結構法であり、下は中唐の顔真卿の結構法であります。好き嫌いということになれば、自然とそこにその人の性格が表現されるわけでありましょう。これによっても結構法というものがいかに大切であるかが了解されることと思います。手本の字の見方、習い方の「こつ」はここにあります。文字によってそれぞれ注意しなくてはなりません。

〔文字の中心〕

富、王、中、春、御、有

縦画の中心にある時は見当が付きやすいのですが、春字のように、日が当然中心の下にあるべきものが動的表現をとるには左払と波法が等分にならないので、少し歪みます。有もまた同じです。

〔分間布白（ぶんかんふはく）〕

目、圭、里、川、間、書、筆

横画が多い文字は、前述の俯仰法をとりながらも、その間隔が等しく見えることが、一応見る人の美的感覚に訴えることになります。この場合、短いものはほとんど点に等しいものとなります。

〔相譲相避（そうじょうそうひ）〕

林、話、秋、樹

○扁（へん）と旁（つくり）の組み合わせで成る字は、互いに譲り合って一字となりますので、その中間の接触するところに意を用いなければなりません。例えば林は木二つを横に並べるのですが、扁の最後の画が長いと右の方の第三画と交叉しなければなりませんから、扁の方は点にし、第一画を貫く縦画も中央でなく右寄りに通っていることにも注意して下さい。そして樹のように縦に三字並ぶ場合は、無論中心点は中央にありますから、右側の寸の縦画は右寄りでなく右横画の中央を貫く位置になります。

○冠（かんむり）と沓（くつ）との組み合わせで成る字は上下が譲り合うこととなります。

　炎、育、悉、絜、男、製、戔

炎は火が二つ重なるので、上の左右に開く部分を小さくして、下の二点もまた上の開きと密接になるようにし、下の人の部分を大きくして姿を整えます。

○外形の特異性

文字には、それぞれその字に備わった姿というものがありますから、それを無視しては活字と同じになります。活字は一定の大きさに揃えて、何所へ組み合わせてもよいように造られていますから、長い字、平扁な字、円い字、三角形の字という特徴は考慮に入れられていません。

以上いずれも筆法の中に入るものでありますが、次には気脈のつながりが重要なこととなるのです。そこに建築的美、調和美というものが自然要求されるわけであります。

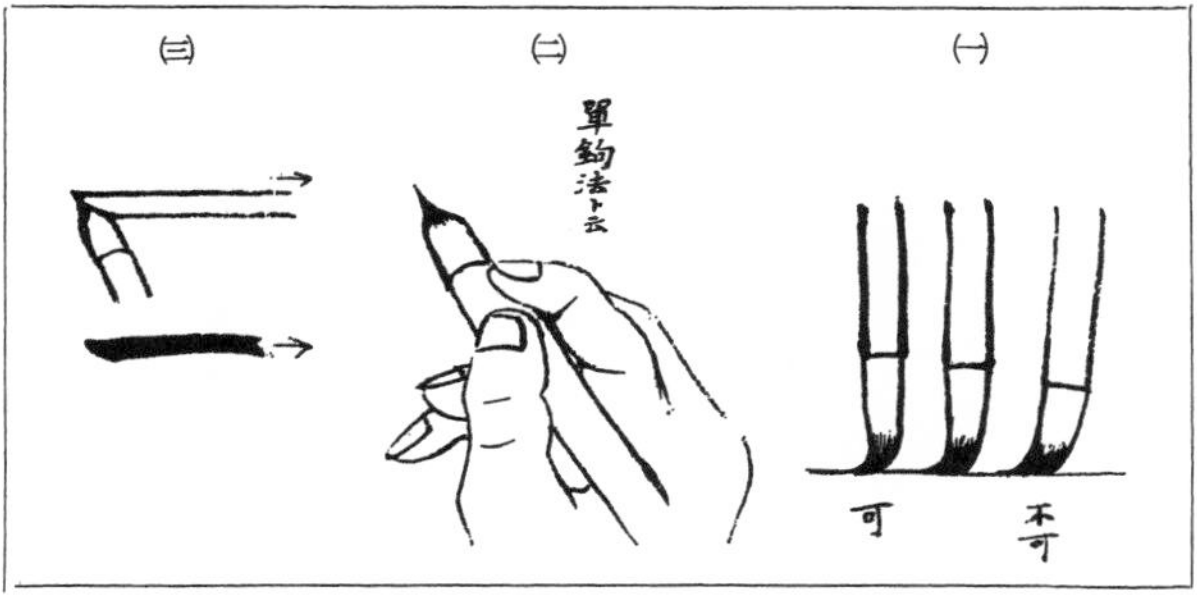

自然な筆の使い方

毛筆の使い方

毛筆の使い方は、大字も小字も大体同じですが、細字の場合は、実用文字としての条件から、多少異なるものがあります。というのは、大字のように細部に亘って筆法通りにゆかない場合が多いのです。しかし、それは大字を書く場合の気持ちであればよいので、むずかしく考える必要はありません。運筆の原理は同じであります。

使筆法にも種々あります。また教える人によっても違いましょう。ここでは誰でも一方に偏しない自然の使い方を少しく説いておきます。

穂先に墨を含ませて紙に当てると、そこに黒い点がつきます。それを横へ引けば一の字形ができ、縦に引けば縦棒ができます。このくらいなことは誰にでもわかっていることでありますが、ここで「なぜ」こうな

るかということを考えるところに筆法はできるのであります。例えば、その軸を少し倒して引けば抵抗が少なくなりますから、手に力を入れなくてもよいのですが、軸を立ててみると、持っている手に抵抗を感じるでしょう。これが穂先の弾力性であって毛筆の特徴であります。この弾力性を生かして使うところに、字の上手下手の差ができます。姿勢を構えて、まず筆を紙面に当てる、その時の穂先の方向は斜め上に向かっていること、これが第一の条件であります。これを書道では起筆（打ち込み）といっております。これを図示しますと（175頁参照）、

㈠は筆を立てて起筆の打ち込みをしたところを横から見た図。

㈡は同じく書いている自分が上斜から見た図。

㈢は起筆をそのまま右に引くところ。この場合の穂先の尖がった上の方を筆の表と言い、下の方、すなわち筆の腹になる方を裏と言います。表と裏とでは筆の働きが違ってくることはもちろんで、穂先（表）は微妙な細かい働きをしますが、腹の方（裏）はそれにしたがって働くのであります。

㈣起筆、すなわち打ち込みは常に対角線に沿うてなされるものと心得てよく、殊に細字の

（右）当用漢字、（左）書写体漢字

書きよい筆順

場合は「早く」という条件のためにも自然の起筆であります。

この起筆が、すべての出発点となるのですから、どんな文字でも、左斜、右、右上、右斜、直下の五つの方向に引かれるわけです。左斜に引けばノ、右に引けば一、右上にはね上がると㇀、右斜に止めてはね出せば＼、直下すれば丨であります。ここで、直上と左横とは穂先の起筆が逆になりますから、これは不可能であることも心得ておかねばなりません。そのため、ここに文字の筆順というものがおのずから決定されるわけであります。

筆順は書きよい順序に定められたものであって、昔から書写体に備わっているものであります。この筆順を誤ると調子が悪く、書きにくいばかりでなく、字形が崩れやすくなります。念のために筆順の複雑な文字を示せば、「飛」「粛」のようなものがあります。要するに筆順は上から下、左から右へと移るものと心得ておけばよいと思います。ただし、写経では「早く」という条件のもとに今日定められた筆順と少しは異なる場合もあります。しかし、それは普通に書いていてよいのであって、殊に写経のみに適用するわけではありません。それは前述の活字体と書写体との相違と同じ意味合いからであります。

前頁の左図の右は当用漢字で、左は書写体の漢字です。このように書き方が相違すれば筆順もおのずから異なるのは当然です。「安」などは冠を小さくし、点と女の第一画を兼ねて一筆にして書きます。

正は、多くこの体に㈣と㈤を続けて転折にして、中へ点を二つ打ちます。

分は、㈠㈡㈢と下へ斜に重ねますと最後のハネから右に移って角度を見極めて支え、後ろ目に引くと非常に勢を表わします。

草冠は筆順が違うだけです。

隹は、旁(つくり)に用いる場合が多い。これも筆順の相違だけであります。

二一　装幀について

写経の装幀には大別して巻子（かんす）、冊子（さっし）、折帖（おりじょう）の三種があります。そのうち、巻子仕立てが最も古い様式で、普通は経典一巻を一軸とします。藤原時代の如法経分写の場合などでは、一品経（いっぽんきょう）といって、一品宛（いっぽん）を一巻に仕上げることもありました。巻子本仕立ての部分的名称と書写の体裁とを図によって示しますと、次頁の図の如くなります。

巻子本

奈良時代には、天皇のいわゆる勅旨経以外は多く褐色の表紙に経名を墨書いたしました。正倉院には書几（しょき）というものがあります。巻子本の巻抒（かんじょ）に用いたもので、当時はすべて巻子仕立てでありました。巻子につける軸は、天平時代は多く撥形（ばちがた）の木軸で、白檀（びゃくだん）、紫檀（したん）などの香木を用い、あるいは赤密陀（みつだ）、白密陀などを塗ったもの、密陀で藻文（そうもん）を描いたもの、また螺鈿（らでん）などをもって象嵌（ぞうがん）したものもあります。藤原時代になりますと、紺紙（こんし）金泥（こんでい）経には必ず鍍金の軸端が一般に行なわれています。装飾経は別として当時の大般若経などは極めて粗雑な装幀

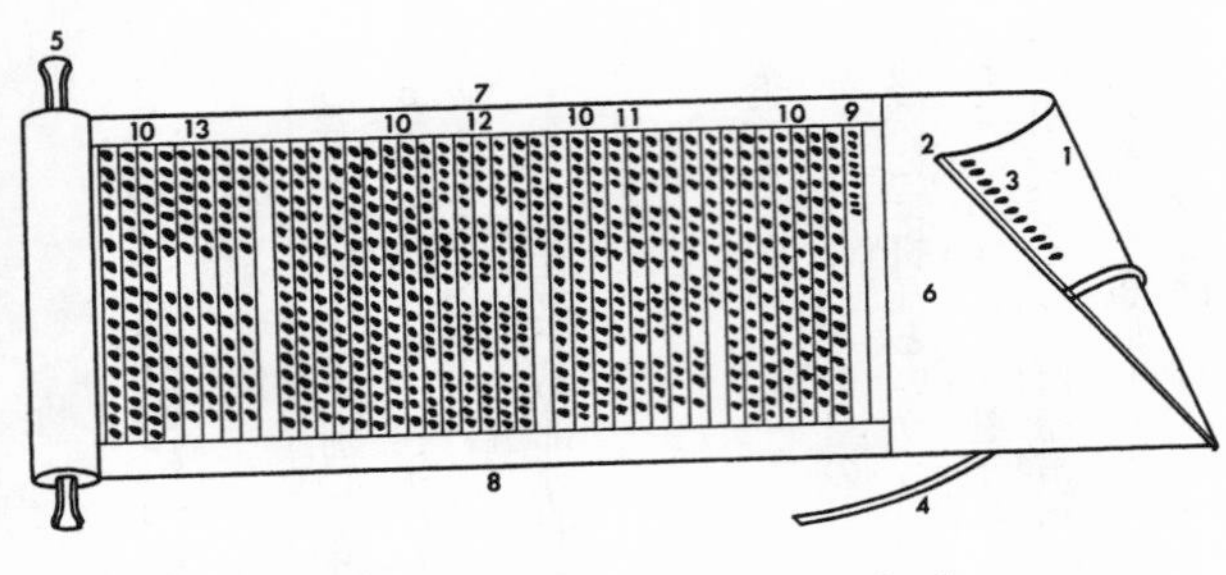

軸仕立名称

1 表紙
2 発装
3 経題
4 紐（綺帯）
5 軸端
6 見返し
7 上（本文）
8 下（本文）
9 内題
10 本文
11 四字偈
12 五字偈
13 七字偈

でしたから、軸の両端などは赤漆（うるし）をつけて代用させています。これを根来軸（ねごろ）といって、元は高野山の僧侶が始めたものともいわれています。また軸木を見ると、天平経のは紙幅に合わせて軸端をつけてありますが、藤原時代になると、心木の中程を割って合わせ軸にし、伸縮自在に、どれにでも間に合うように工夫されています。合わせ目の上を紙で巻（ま）き、動かぬようにして、本紙に巻きつけてあります。

冊子本

これは多く密教の経典に用いられています。冊子本にも粘葉綴（でっちょうとじ）、胡蝶綴（こちょうとじ）、旋風装（せんぷうそう）、折本（おりほん）などがありますが、経典には胡蝶綴は使用されていません。粘葉綴は空海の帰朝のさいもたらされた三十帖冊子（左頁写真）がそうであります。現在仁和寺にありますが、これを見ると、巻子

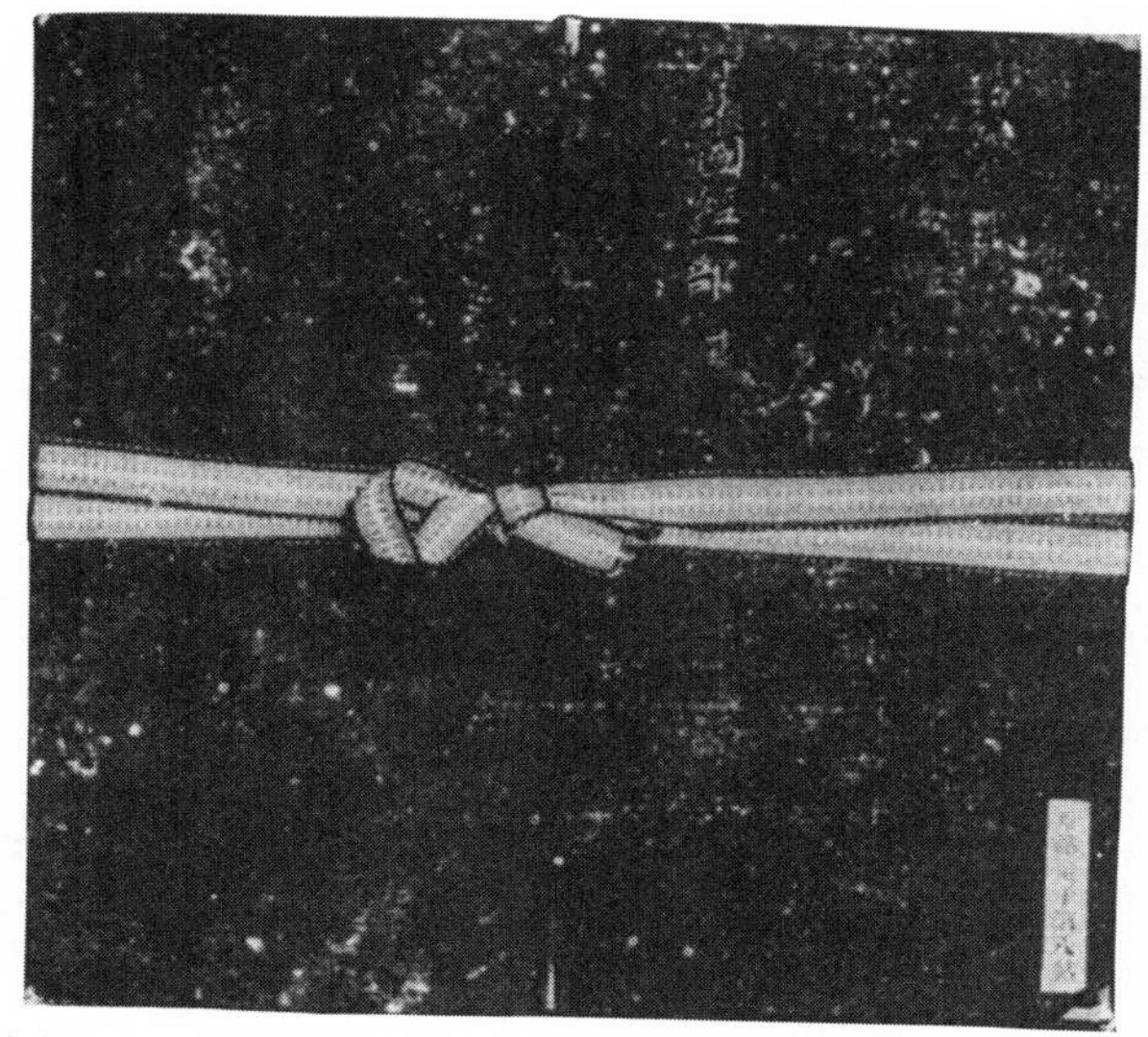

空海のもたらした三十帖冊子（日本における冊子本の始まり）

本にすべきものを携帯に利便なように工夫したものと考えられます。写紙一枚を中央より二つ折りにし、折目の外側上下に一分ほど糊付けして、幾枚かを重ねて一巻分とし、厚さにしたがって背に布を貼って、それが全体を覆う表紙となっており、巻子本の発装の部分が表の左端となっていて、その中程につけた平紐(ひらひも)を表紙の帯にしてあります。恐らくこれが粘葉綴の最初のものでありましょう。この装幀に限って、糊付けの部分が完全に開きませんが、内面は一枚の紙を展(の)べたように気持ちよく開きます。そして次の頁はまた糊付けの部分となっています。一例を引けば、四天王寺の扇面写経は、扇形の料紙を二ツ折にして、その見開きになる内面に下絵が描いてあり、糊付けの部分には絵がなくて写経ばかりであります。また上野精一氏蔵の法華経冊子や神光院の厨子入法華経八巻なども皆同じ綴(と)じ方であります。その他、密教関係の儀軌(ぎき)や講式(こうしき)などは、祖師の三十帖冊子に倣(なら)ってか、この装幀が多いようです。

胡蝶綴は粘葉綴とは少し違っています。これは料紙を数枚(厚さによって)重ねて二ツ折にし、その幾重ねかを折目をたどって糸で綴るのであります。ですから一組の折目に見開きの部分は一ヵ所しかないことになります。その所を開いて置きますと、あたかも胡蝶が羽をひろげたように見えるところから、そう名づけたものであります。しかし、これは形が崩(くず)れやすいため、経典などには歓迎されないで、歌書に利用されてきました。

旋風装は、始めから折帖にして表紙をもって左右より包むもので、糊は表紙の両端についていて、背には付けていませんから読誦(どくじゅ)には甚だ便利であります。

大般若経の冊子本に改装されたもの

折帖

これは版経の影響を受けて、読誦に便利なところから、それに倣ったものであります。ですから日本の古写経で折本になっているものは、ほとんどすべてが巻子本を改装したものになります。初めから折本に仕立てて、罫を引き、写経したものは、多くは後世の写経で、これらはすべて版経を手本として写したものであります。故に、上下の余白も、上が広くて下が狭い。そして必ずしも十七字詰でなく、二十字詰など区々（まちまち）に書写されています。巻子本を折本に改装するのは、なかなか困難ですから、仕上げにさいして上下を切断して表紙をつけたと考えられます。ですから古写経中、上下の詰まったものは、こうした場合に起こった現象で、多くは粗経であり、山間辺陬（へんすう）の地にあって春秋二季に豊作を神前に祈る大般若経は、ほとんど皆この折帖であります。

折帖では六行一折の形が最も古く、五行一折、四行一折の三様式になっています。寺院の大般若経会などに転読（てんどく）（転読というのは、経題と本文の始行と終行とを読んで、中間はバラバラと両手に支（ささ）えて転ずると読んだことになるのをいう）する場合に便利なため、改装したものが多いのであります（前頁写真参照）。

二二　所用料紙数の概算

心経が終わると、他の経をも書いてみたくなります。そのときの用意のために、よく書かれる法華経その他の行数を調べて参考までに左に記しておきます。

法華経（一部八巻二十八品に開結二経を加えた総字数）六萬九千三百八十四字

〔巻別〕	〔品別〕	〔枚数〕	〔行数〕	〔慈眼版〕
巻　一	序　品　第　一、	九枚	二百四十四行	
	方便品第二、	十枚	二百六十六行	
巻　二	譬喩品第三、	十五枚	三百九十四行	
	信解品第四、	七枚余	二百〇一行	百九十九行
巻　三	薬草喩品第五、	四枚	百〇三行	
	授記品第六、	四枚	百十四行	
	化城喩品第七、	十二枚	三百四十行	三百三十九行
	五百弟子授記品第八、	五枚	百三十行	

巻	品	枚	行	行
巻四	授学無学人記品第九、	三枚	七十三行	
	法師品第十、	四枚	百三十三行	百二十三行
	見宝塔品第十一、	五枚	百六十一行	百六十行
巻五	提婆達多品第十二、	四枚	百〇四行	
	勧持品第十三、	二枚余	六十九行	
	安楽行品第十四、	八枚	百九十六行	
	従地湧出品第十五、	六枚	百六十二行	百六十一行
巻六	如来寿量品第十六、	四枚余	百十七行	百十六行
	分別功徳品第十七、	六枚	百四十九行	百五十行
	随喜功徳品第十八、	三枚	七十六行	七十六行
	法師功徳品第十九、	六枚余	百七十二行	百七十一行
巻七	常不軽菩薩品第廿、	三枚	九十一行	
	如来神力品第廿一、	三枚	六十六行	六十五行
	属累品第廿二、	一枚	二十九行	
	薬王菩薩本事品第廿三、	六枚	百六十七行	
	妙音菩薩品第廿四、	五枚	九十三行	百二十三行
	観世音菩薩普門品第廿五、	五枚	百二十三行	百二十四行

巻八
- 陀羅尼品第廿六、　三枚　八十九行
- 妙荘厳王本事品第廿七、　四枚　百〇五行　百〇三行
- 普賢菩薩勧発品第廿八、　四枚　百〇四行

（注意）一品経書写のときは奥題は書かないが一巻経に書写する時は奥題を一行書く。

無量義経（法華経の開経）
- 徳行品第一、　十四枚　百十二行
- 説法品第二、　廿五枚　百廿九行　百廿八行
- 十功徳品第三、　卅九枚　二百十二行　奥題一行

観普賢経（法華経の結経）　十六枚　四百十五行　奥題一行

阿弥陀経　内題、奥題、訳者　百廿行

般若心経　本文二百四十四字、十五行、偈文十八字一行　計二百六十二字、内題奥題二行、空白二行　二十行

法華経に見られる如く、版本によって行数に異同があるのは何故かと言いますと、これは

文章の句切りによって、甲本は行を改めてあるが、乙本はそのまま続けているため、自然、行数に相違を来たし、紙数にも及ぼす場合があります。しかし、内容に相違があるわけではなく、字数にも変りはありません。ただ参考のために附け加えたまでであります。

二三　文人墨客の写経

昔の画家・詩人・書家のなかには写経をしたものが数多くありました。池野大雅・皆川淇園・松崎慊堂・円山応挙・田能村竹田・僧良寛・広瀬旭荘・貫名菘翁など、好んで心経を写しております。幕末の書家菘翁は海屋・海客ともいって、弘法大師以来の書家といわれていますが、この菘翁の心経では、菅公九百四十年祭のために太宰府に奉納した大字心経が有名であります。191頁に掲げた写真は拙蔵の菘翁心経の下書きですが、貫名菘翁ほどの人にしてこのように慎重な態度で写したことを思うとき、さすがに書聖として後世より尊敬される風格がその字と共におのずから備わっていたことを思わしめます。

次に田能村竹田の舟中心経というのがあります。これは、ありあわせの紙に書いたものですが、彼が五十七歳のとき、天保四年三月十日に九州を発し、舟路を川口に着き、京都の小石樫園を訪問したとき、折しも悪天候で風雨激しく、舟が木の葉の如く動揺したので、観世音に風浪静穏を祈って十六日までに十通手写したとのことであります。そして表紙に白衣観音を図し、奥に

天保四年暮春之望舟抵大阪府河口。翌十六日早起用二河水一研レ墨焚香敬写。田能村憲[印]

と書してありますから、十六日に川口に安着して、仏恩を謝して書いたものと考えられ、その難航に疲れ切ったありさまが看取(かんしゅ)されます。

およそ文人墨客の写経はたいてい「般若心経」であります。そして、その目的は修養のためでした。画家は多く観音を図して、その上に心経を書くのが普通であります。それは心経の観自在菩薩というのが観世音菩薩と同意義であるためでしょう。そして、これらの人たちの写経は自画に賛(さん)をするつもりで書かれたものが多く、したがって字詰めも自由に書いています。観音に対し書写するという意味ですから、菘翁の心経に見ても楷書でなく行書で書いてあります。竹田のものを見ても、心経を称しながら書いたものか、脱字も相当あります。このように、文人の写経は形よりも精神であります。いくら形がよくても、要は精神の統一であり、それが神仏へ通ずる道であることは前述しました。それでは、文人墨客はどのように書いてもよいのかということになりますが、決して左様なものではありません。思うに、これらの方々は、心経書写を養神の術として書かれたので、改まって仏典を書いているという気持ではなかったと思われます。しかし、われわれ凡人が精神修養のためにする写経は、よろしく形から入るをもって順序としなければなりません。あらゆるスポーツにしても、書画を書くにしても、姿勢が第一であることはいうまでもありません。写経における十七字詰も、上述の作法も、これみな形から入る写経の行（ぎょう）であります。

貫名菘翁の「心経」下書き（著者所蔵）

二四　写経と私

私が写経に志した動機はこうであります。もう三十年も前のことですが、和銅経という古写経を調べるため、それに関連をもつものをことごとく見ておかねばならぬので、友のつてを求めて、京都府の或る禅寺へ拝見に行ったことがあります。来いという通知をもらって、胸をとどろかせながら行ったのですが、和尚に用事ができて、見せてもらえませんでした。何日は和尚がおられるからといわれて、その日に行きましたが、また差支えがあって見せてもらえませんでした。その次も、またその次も、無駄足でした。大阪からだと往復だけでも半日は費（つい）えます。寺の方でも、そのくらいのことは考えてくれてもよかろうと少々腹立たしくなってきました。「寺の宝物を見せてもらうということは、こんなにむずかしいものか」となさけなくなって、何度か諦（あきら）めようとさえ思いました。

しかし、考えて見ますと、寺僧の立場からすれば、一介の書生が誰彼の名刺を持って来たところで、そう心安く見せていてはたまったものではありません。それが管理者の責任だと思い直してもみました。そして、自分もこのくらいなことで挫折するようでは、何事も成し遂げられるものではない。研究には、ただ学問の上から実物に当たって理論づけるというだけでなく、それ以外のものがあるということを考えさせられました。殊に、古人が真摯な態度を持し、仏陀を信じて書き綴られた写経であってみれば、これを研究するには、まず、それに馴染んでゆくことである。馴染んで行けばおのずから解せられる。それには自分でも写経をすることだと思ったのです。この暗示を得て、私ははじめて心経を書きました。弘法大師と伝えられている『隅寺心経』は今までにたくさん拝見していましたから、それを臨書して見ますとなかなか味がある。それは今までのように見ていただけでは、わからなかった味わいであります。

禅寺から、次に指示された日までに、断続的ではあるが三巻ほど書きました。五回目に禅寺に行きましたときは、いともていねいに方丈の間に通されて拝見しました。目的が達せられて寺門を出で、松籟を耳にしながら下山したときの心境はいまだに忘れることができません。心経の偈文が、歩調につれて、おのずから口をついて出て来るのでした。それから間もなく、この和尚が土佐で交通事故のため亡くなったことを紙上で知りました。何という因縁だろうと、自分には不思議に思えてなりませんでした。もとより自分勝手な思索ではありますが、この和尚は私の心の試金石となってくれた人であります。もし古写経を一回でやすやすと見ることができたのでしたら、私はまだ写経を書くことをしなかったかもしれません。四回まで無駄足を運ばせた人、ほんの一度、それもおぼろげにしか記憶にない和尚の顔に、心から供養の心経を書いたのでした。同じ書いても、今までの気持ちとは全然違った気分、引きしまった心境でありました。そして何かしら写経の力というものを感ずるようになったのです。これが私の写経に志した動機であります。

それからの私は、何かの願いごとが起こったり、人間の醜い闘争の中に自分がまき込まれるようなはめになったときは、必ず写経して無事安泰を祈るのが習慣となりました。昭和十七年に、それまでに調べた古写経をまとめて『古写経綜鑒』という単行本を刊行してからは、今までのような苦労はしないでも、所蔵者の方から見てくれという逆な立場になりまして、非常に楽に目新しいものが見られるようになりました。これもひとえに写経の力であります。昭和十一年に四天王寺境内の勝鬘院で、奥田慈応師によって愛染写経会が創められましたので、一番に参加いたしました。ここで初めて正式の写経会というものを知ったのであります。さらに叡山に上って解夏の写経会、鞍馬の写経会、大覚寺の心経会などに参加して、種々の法式を教示されました。

いま一つ、自分の写経に大きな糧となったものは、田中親美翁から装飾経についての指導を受けたことと、昭和十七年（一九四二年）から同十九年（一九四四年）にわたって、法隆寺の古文書整理に従事したことであります。法隆寺のは、武田長兵衛氏の寄付によって、大治一切経と行信発願の大般若経六百巻の大修覆が行なわれましたので、その題簽書写を嘱されたため、親しくさまざまな時代的書式を知ることができました。そして、こうした永い間の経験によって、私が今日までに拝写した主な写経を振り返ってみますと、

一、四天王寺再建五重塔落慶供養、扇面形法華経一部八巻
昭和十五年五月廿二日　経供養導師　大森亮順

二、法隆寺太子一千三百二十年祭供養、維摩詰経一部三巻彩紙
昭和十六年八月　供養導師　佐伯定胤

三、勝鬘経一部彩紙　導師　中宮寺門跡　近衛尊覚

四、中宮寺国宝誕生仏厨子落慶供養、観世音経一巻
昭和十六年九月　導師　中宮寺門跡　近衛尊覚

五、東大寺盧舎那仏御発願一千二百年祭法莚、金銀交書金光明最勝王経一部十巻
昭和十八年十月　導師　清水公俊

六、四天王寺鐘楼、阿弥陀経一巻
昭和二十四年十二月　導師　田村徳海

七、四天王寺太子殿落慶供養経
無量義経、観普賢経
扇面形法華経追加開結二経
勝鬘経から紙一部
昭和二十九年四月　導師　出口常順

八、四天王寺復興記念供養経扇面形維摩経一部三巻
昭和三十七年十月　料紙田中有美、富士絵、田中親美装幀

九、彩紙七色寿命経一巻
恩師喜寿の賀に

十、彩紙阿弥陀経一巻（から紙）
親鸞上人七百年祭西本願寺大奥に奉納　龍谷大学

十一、復興四天王寺落慶供養装飾太子三部経
願主四天王寺出口管長、世話係（小生）
料紙装幀田中親美、書者三十五名寄合書、（小生三巻余拝写）
昭和三十八年十月　導師　出口常順

十二、大覚寺心経堂多宝塔壁書大字心経
昭和四十六年五月　導師　乃村龍澄

これらが記憶に残る納経でありますが、折りにふれて書写した心経などは数え切れません。たとえば富士山の頂上で、銀明水を汲んで書いたものと、『古写経綜鑒』の製本が初めて届けられたときに書いたもの、及び世界一周の途にのぼる飛行機上で書いたものなどは、いつまでも忘れることはできません。平安朝の昔、一行人が大般若経を発願して、富士山上

に大日寺を創めたという故事を慕うて、六根清浄の声に励まされながら登頂した爽快な気持ち、矢立の筆を執ったが、石室で一睡もできなかったため睡魔に襲われて穂先が乱れ、奇形字が二、三字できたことや、ジェット機の上で羽化登仙の気持ちになって書くなど、思いもそめなかったことであります。舟中書写というのは、治承の昔に源親宗の寿命経があり、江戸末期の学者松崎慊堂、画家田能村竹田の心経などがありますが、空中書写というのは、あるいは自分が初めてであるかもしれません。

それから、私にとって一生忘れ得ませんことは、去る四十四年六月二日宮中で御陪食にあずかりまして後、連翠南において、お言葉を賜い、「皇室と写経」についてお話申し上げる光栄に浴したことでございます。

つまり、私の写経は、私自身の心に喜びごとがあったら感謝の写経をし、悲しみごとがおこったら、いつまでもそれにこだわらないように希望の写経をする、という風で、たいていは自己の修養の具に供するのを目的としています。だから、身辺に書きさしの写経が散らばっていることもたびたびあります。そんな時に人が訪ねて来ると、「もったいないですな、どこかの寺へ納めてはどうですか」と注意してくれることがあります。私は私の座辺に自分の写経が散らばっていても、決して粗末にしているとは思いません。身辺に写経があるということは、仏菩薩が常に己の身辺を護って下さっているのだ、机辺の不浄を清めて下さっているのだ、という気持ちであります。ですから決して粗末に扱っているわけではなく、朝机に向かうとき、それが眼にとまれば必ずその経に礼拝して座につくというのが私の習慣にさえなっているのであります。

〔付〕図版一覧

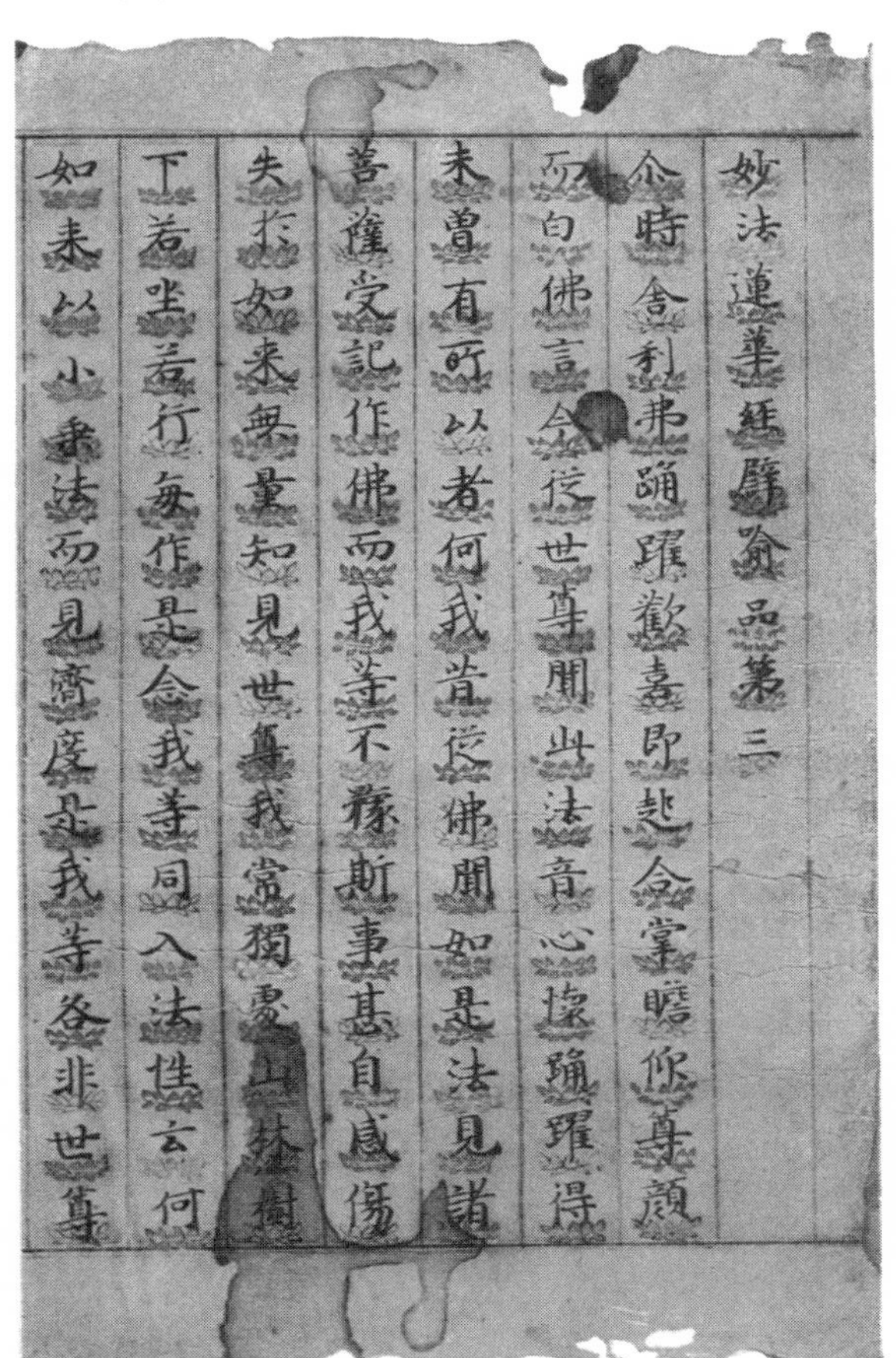
妙法蓮華經譬喩品第三
尓時舎利弗踊躍歡喜即起合掌瞻仰尊顔
而白佛言今從世尊聞此法音心懐踊躍得
未曾有所以者何我昔從佛聞如是法見諸
菩薩受記作佛而我等不豫斯事甚自感傷
失於如來無量知見世尊我常獨處山林樹
下若坐若行毎作是念我等同入法性云何
如來以小乘法而見濟度是我等咎非世尊

〔一〕 装飾一字蓮台経 （平安時代） 龍興寺蔵

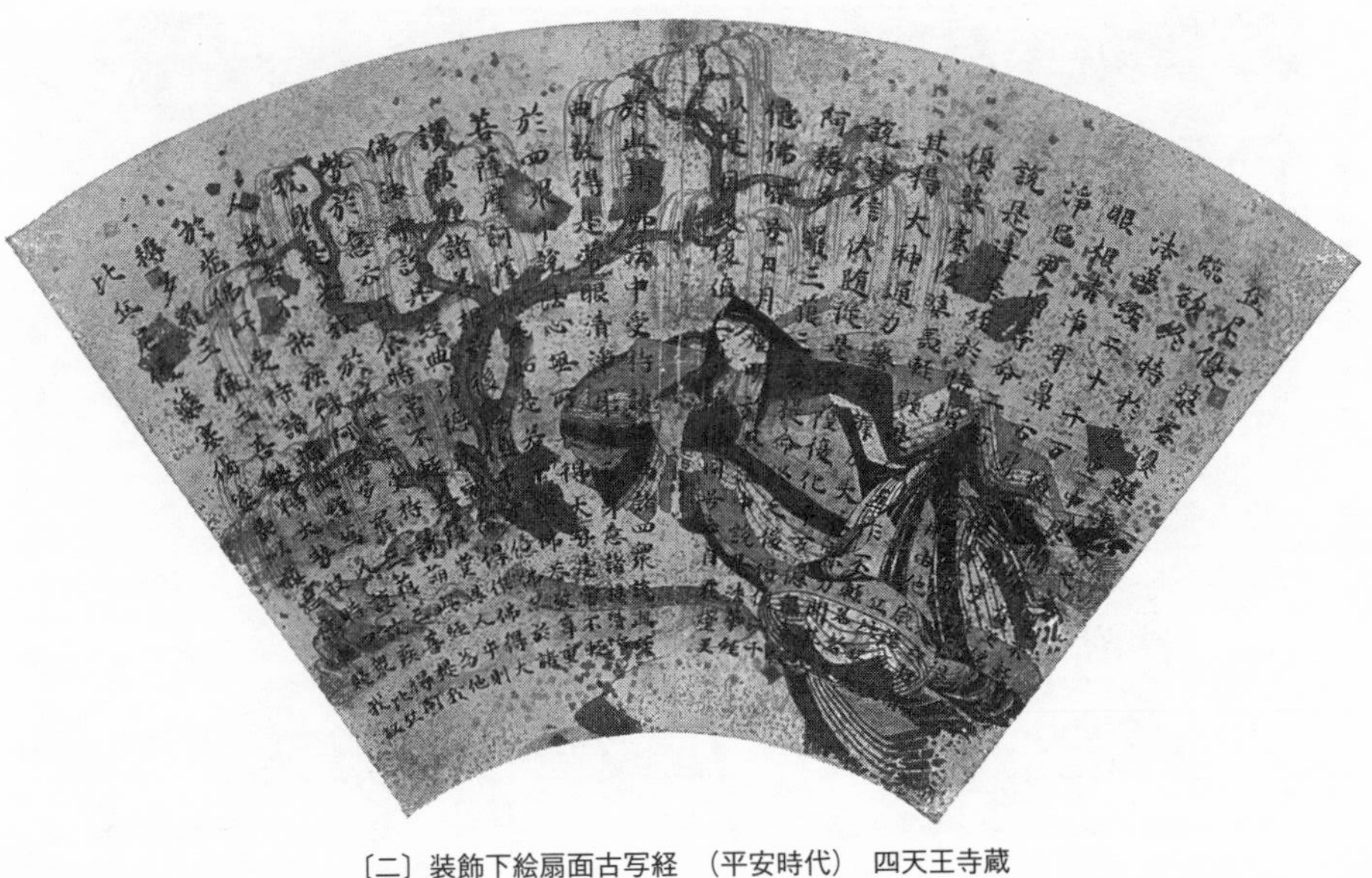

〔二〕装飾下絵扇面古写経　（平安時代）　四天王寺蔵

中出家脩道令随従
佛来至杖林大王宜
先礼拜供養王聞来
信説此言已方决定
知優樓頻螺迦葉為
佛弟子即勅嚴駕與
諸大臣婆羅門及人
民衆往詣佛所至杖
林外王即下轝除却
儀餝步至佛前尒時
空中有天而語王言
如来今者在此林中

〔三〕 絵因果経（天平時代）

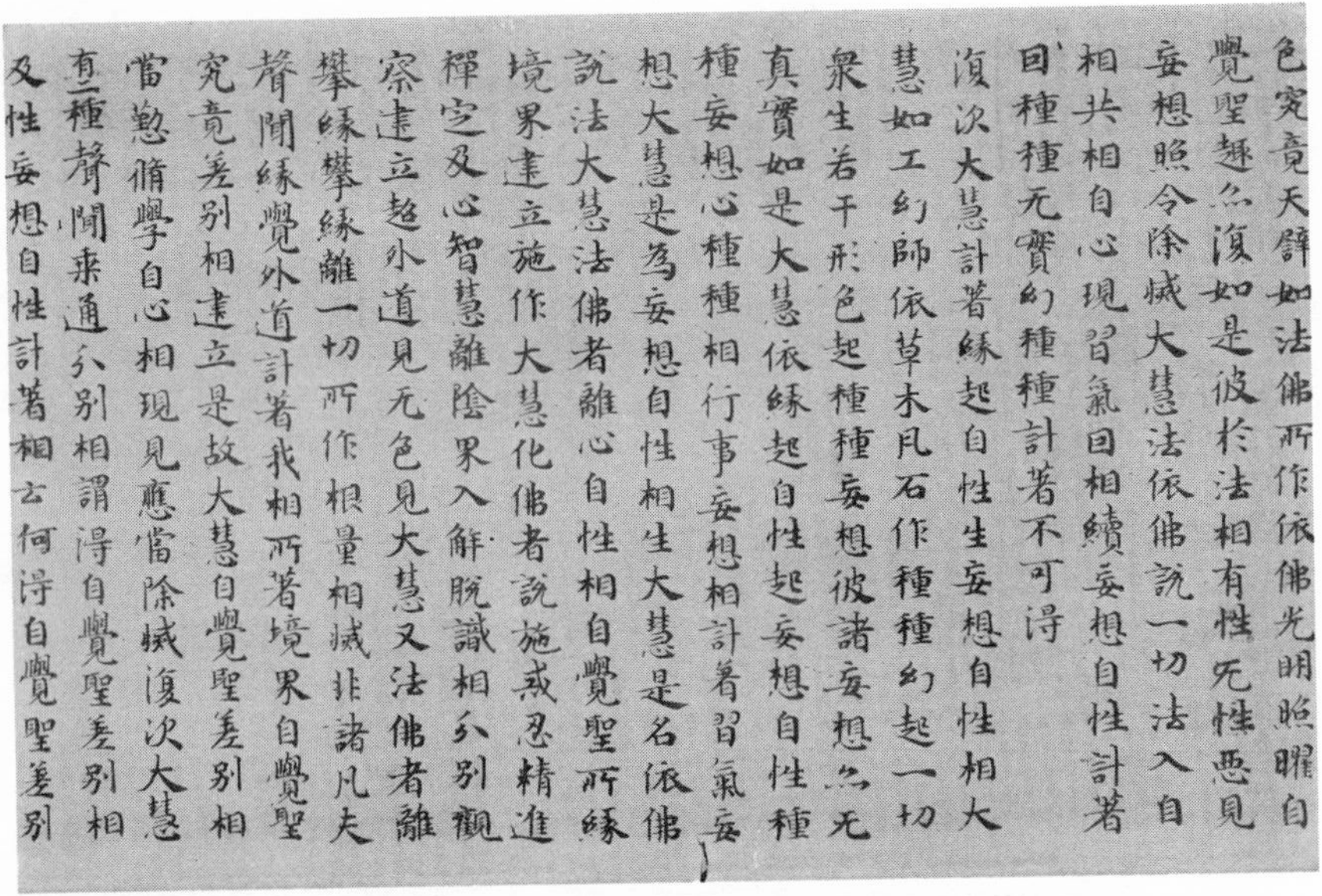

色究竟天辟如法佛所作依佛光明照曜自
覺聖趣亦復如是彼於法相有性无性悪見
妄想照令除滅大慧法依佛說一切法入自
相共相自心現習氣因相續妄想自性計著
因種種无實幻種種計著不可得
復次大慧計著緣起自性生妄想自性相大
慧如工幻師依草木凡石作種種幻起一切
衆生若干形色起種種妄想彼諸妄想亦无
真實如是大慧依緣起自性起妄想自性種
種妄想心種種相行事妄想相計着習氣妄
想大慧是為妄想自性相生大慧是名依佛
說法大慧法佛者離心自性相自覺聖所緣
境界建立施作大慧化佛者說施戒忍精進
禪定及心智慧離陰界入解脫識相分別觀
察建立超外道見无色見大慧又法佛者離
攀緣攀緣離一切所作根量相滅非諸凡夫
聲聞緣覺外道計著我相所著境界自覺聖
究竟差別相建立是故大慧自覺聖差別相
當懃脩學自心相現見應當除滅復次大慧
有二種聲聞乘通分別相謂得自覺聖差別相
及性妄想自性計著相云何得自覺聖差別

〔四〕隋時代の写経

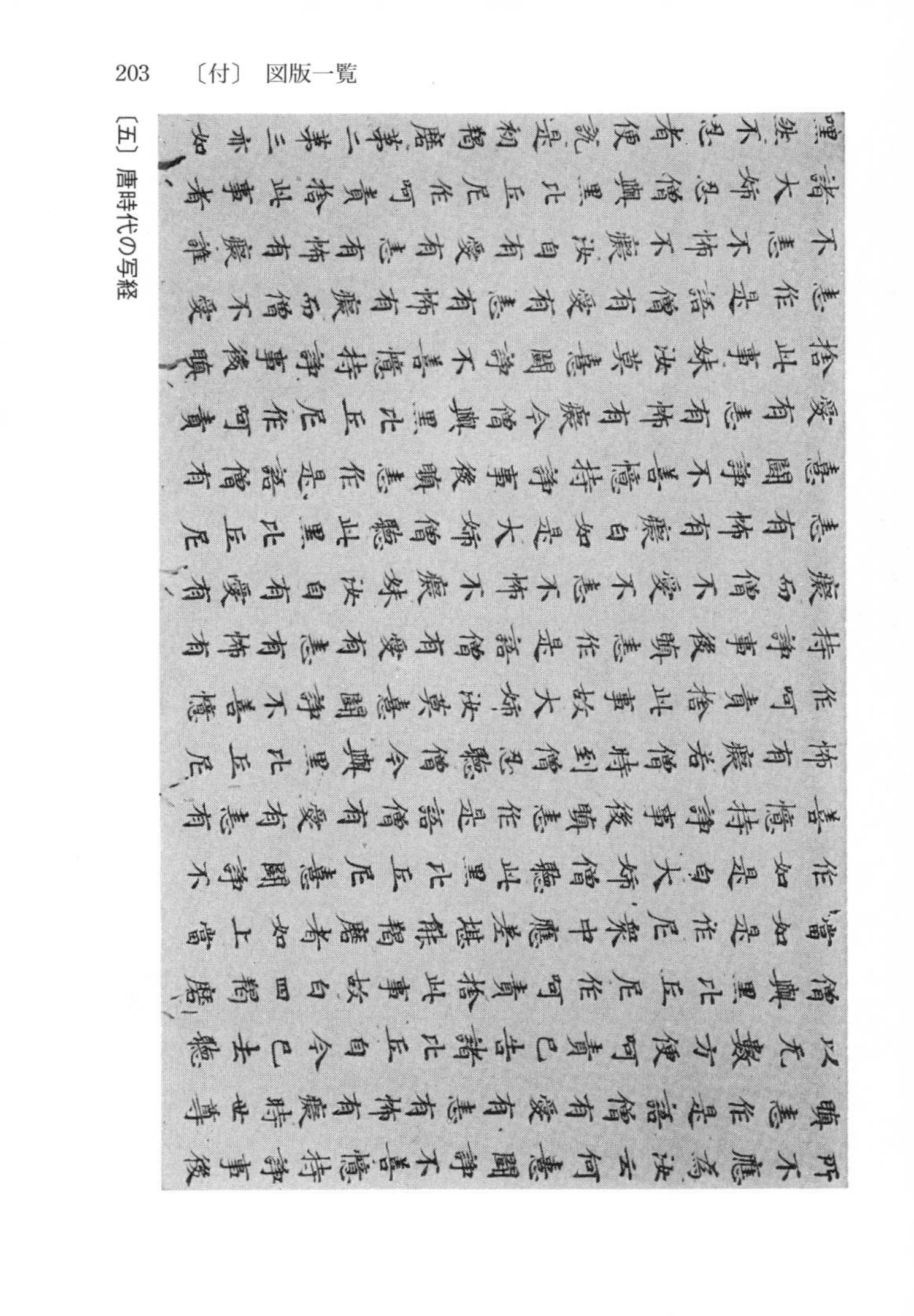

〔五〕唐時代の写経

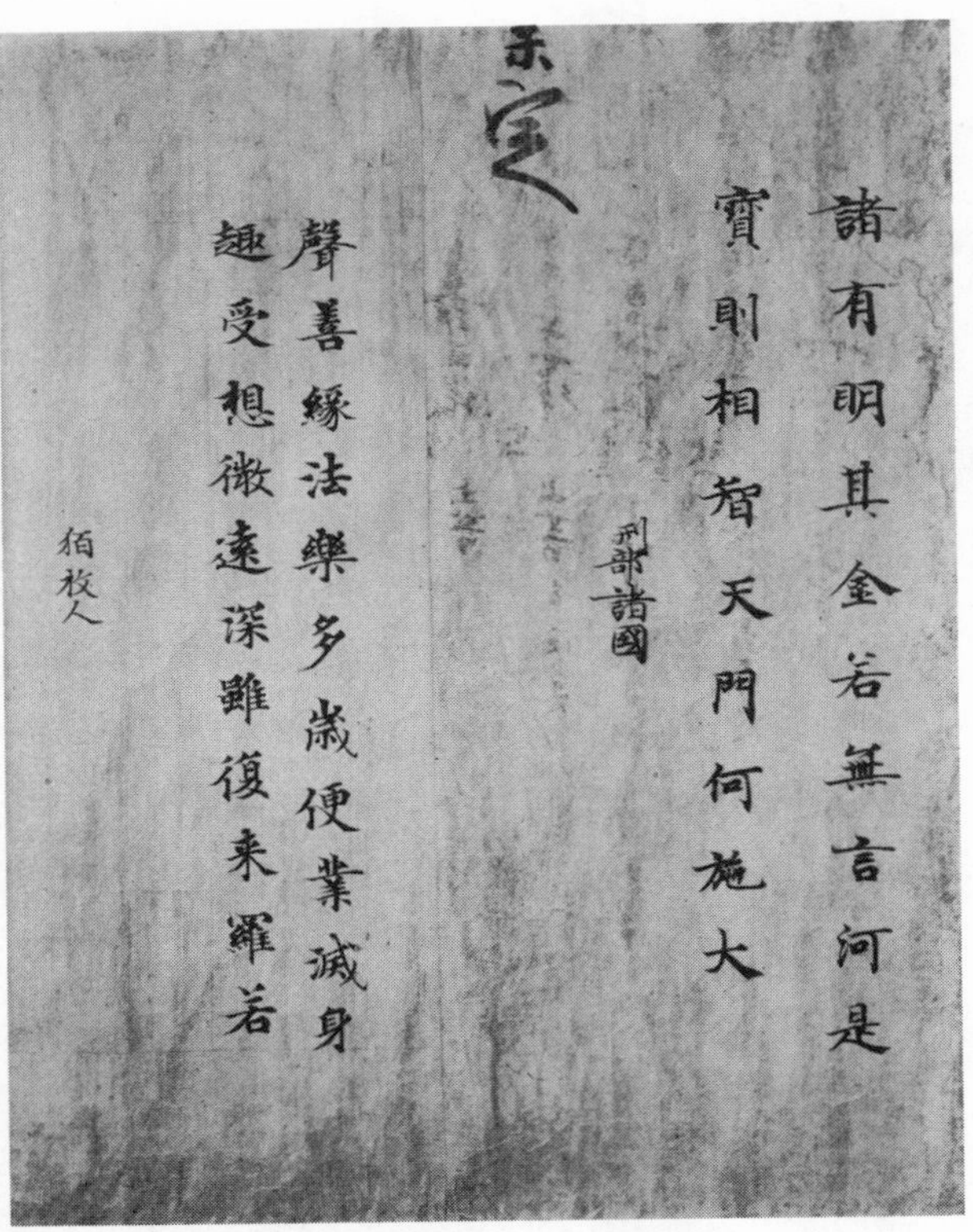

未定
諸有明其金若無言河是
實則相智天門何施大
刑部諸國
聲善緣法樂多歳便業滅身
趣受想徹遠深雖復來羅若

〔六〕天平写経所の写経生の答案
このように二行宛書いて筆蹟試験の上で採用された。
「未定」とあるのは未だ決定しない保留のこと。

故尸羅清淨
於諸障礙法終无有耽染亂心法纔生尋當
速遠離者此頌顯示於諸根門不守護等障
礙清淨所學法中不見功德无耽染故於諸
不善欲恚尋等擾亂意法雖蹔生已即除遣
故學得清淨
非太沉太浮恒善住正念根本眷屬淨而脩
行梵行者此頌顯示遠離微劣惡作故遠離
非處惡作故遠離失念故於究竟時及方便

〔七〕 瑜伽師地論（天平時代）

發道心時作轉輪聖王以八万四千行樹貢
上施佛使造精舍經行其中精進不懈之以致
成佛度脫一切同歲如來本宿命時无量
國佛初發道心時爲大姓梵志作子以拘翼
華貢上其佛緣是之故自致正覺度脫一切
月氏如來本宿命時從名稱業佛初發道心
時爲金剛家作子以好寶仗貢上其佛由是
之故自致正覺度脫一切大耀如來本宿命
時從无量明佛初發道心時生其國緣爲貢
遺貢薪草行欲於市賣見佛行然无以
貢上以草奉佛願使功德流十方國設成
佛度脫一切善眼如來本宿命時從悅意
國佛初發道心時作茵藍見佛行然以忍辱
華貢上至尊行菩薩法心自念言使諸衆
生心要如華因從精進自致成佛度脫衆
遺如來本宿命時從離意稱佛初發道心
時生貴者家爲長者子取最上華以獻佛

〔八〕清衡一切経（紺紙金銀交書）（平安時代）

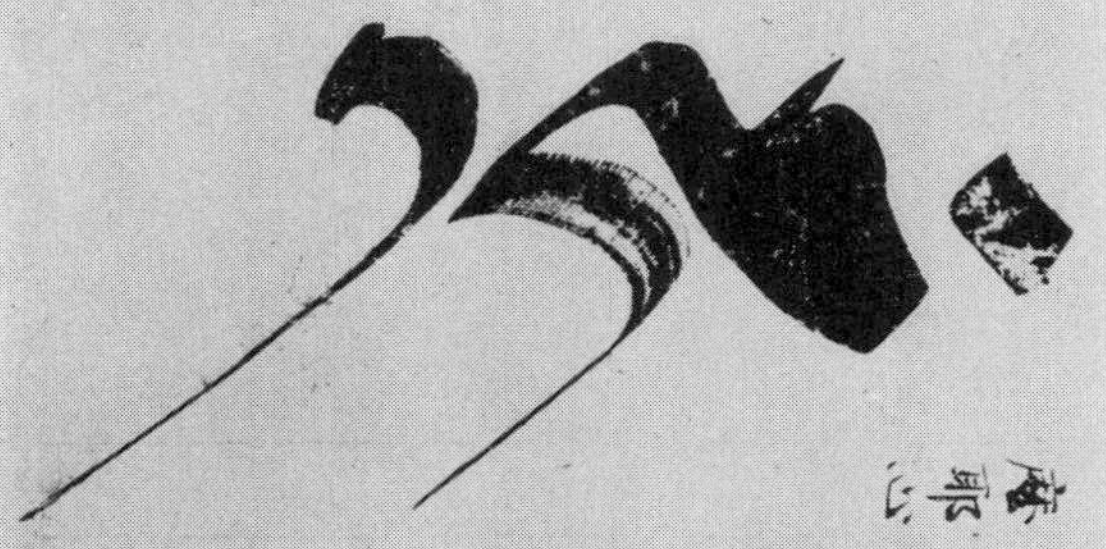

〔九〕藤原教長の理趣経（平安時代）

吉祥菩提果　衆令獲大利　吉祥為衆生　宣説無上法
吉祥以法水　洗浴諸衆生　吉祥善能度　是諸天人等
吉祥能顕現　無垢真妙法　吉祥除衆生　所有諸煩悩
吉祥諸證果　世間最第一　吉祥善生世　能益於人天
吉祥令四衆　明浄善光顕　吉祥令四衆　全護戒律儀
吉祥行檀捨　持戒及精進　吉祥修禅定　及以妙般若
吉祥大梵王　娑婆世界主　吉祥大魔王　諸欲自在者
吉祥帝釈迦　并諸眷属　吉祥諸天衆　及諸宮殿者
吉祥毘沙門　及諸夜叉衆　吉祥提頭頼　眷属乾闥婆

〔十〕色定一筆一切経（平安時代末期）

〔十一〕左・藤原定家の写経（鎌倉時代初期）、右・藤原俊成の写経（平安時代末期）

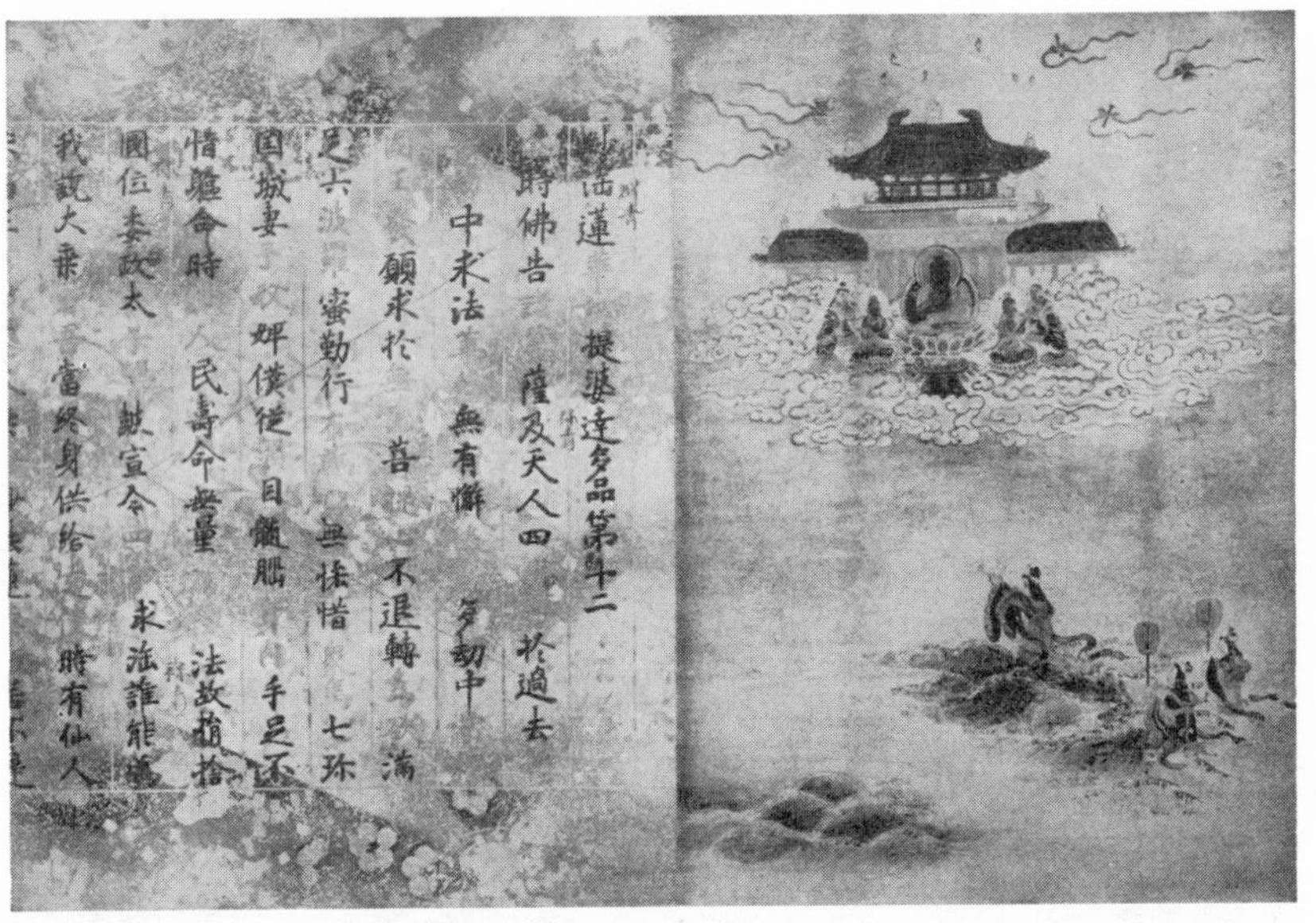

蓮　提婆達多品第十二
時佛告　薩及天人四　於過去
中求法　無有懈　多劫中
願求於　菩　不退轉　滿
足六　蜜勤行　無悋惜　七珎
國城妻　婢僕從　目髓腦　手足不
情軀命時　民壽命無量　法故捐捨
國位委政太　鼓宣令四　求法誰能
我說大乘　當終身供給　時有仙人

〔十二〕厳島神社の平家納経（平安時代末期）

〔十三〕 厳島平家納経の巻子本装幀

我亦復如是　為一切導師　見諸求道者　中路而懈廢
不能度生死　煩惱諸險道　故以方便力　為息說涅槃
言汝等苦滅　所作皆已辦　既知到涅槃　皆得阿羅漢
尒乃集大衆　為說真實法　諸佛方便力　分別說三乘
唯有一佛乘　息處故說二　今為汝說實　汝所得非滅
為佛一切智　當發大精進　汝證一切智　十力等佛法
具三十二相　乃是真實滅　諸佛之導師　為息說涅槃
既知是息已　引入於佛慧

妙法蓮華經巻第三

此一字三礼御経三巻五百九十八行　弘治二年丙辰六月
九日奉書始至同廿八日奉書果了
爾其日廾上人門流妙泉寺住六十七歳老比丘日心敬白
右為現世安穏後生菩提乃至成就皆令満足求得之者也
渡邊入道宗徳敬白

〔十四〕一字三礼法華経巻三（室町時代）

〔付〕図版解説

〔一〕装飾一字蓮台経（平安時代）　龍興寺蔵

平安時代に書写された装飾経の遺品の中でも珍しいものです。法華経を書いてありますが、お経の文字は一字一字これ皆仏であるという意味から、蓮台を書いて一字ずつその上に載せてあります。しかも、その蓮台が青、赤、黄などの色彩を施し、その色目をたどれば、斜め雁行を作っています。

〔二〕装飾下絵扇面古写経（平安時代）　四天王寺蔵

これは後白河法皇が文治四年九月に奉納されたものであります。これまた装飾経の一種でありますが、扇面に彩画の下絵を描いて、その上に写経してあります。そして下絵の人物などの頭髪の黒い上に文字が当たりますと、わざわざ金泥で書いてあります。その下絵は、仏に何の関係もない世俗の種々相を扱ってあります。例えば、七夕遊びの男女、柿取りの子、蓮池の舟遊、紅葉狩、桜花下の会合、市場の図、雪中訪問、琵琶法師、鷹に桐、牛車、祈禱などといったような図柄でありますが、子供を取り扱ったものが多く、表紙には宮女に扮した十羅刹女(らせつにょ)を配してあり、趣味の写経としては珍しいものです。

〔三〕 絵因果経（天平時代）

因果経というのは、過去現在因果経といって釈尊の一代記を解いたものです。それに料紙の上半に絵を描いてありますから絵因果経と言います。因果経は四巻本ですが、絵のあるものは八巻になります。これは天平時代に書写されたものでありまして、あどけない大陸の絵でありますが、彩色が施されていますので、いろいろの面から古美術上貴重な存在となっています。そして絵は次へ次へと変わった場面が連続的に出て来ます。これが後世の絵巻物の基礎となったかと思われます。

〔四〕 隋時代の写経

〔五〕 唐時代の写経

この二つの写経を見ますと、どなたが見ても文字の書き方が違います。隋経の方はゆったりとして、どちらかといえば扁平な形をとっており、唐経の方はキビキビと引き締(しま)って長形をとっています。これは、その人の個性の現われでもありますが、それよりも大きな背景をなしているものは、その時代の好尚であります。隋は僅か十五年ほどでありますが、煬帝(ようだい)の崇仏により国家を挙げて仏典を整理しましたので、写経の十七字詰めなどもこのときに定められたのであります。また唐になりますと、太宗皇帝は書道に関心を持った人で、王羲之の書風から六朝時代の書を整理統一せしめたほどでありましたから、初唐には有名な書家がたくさんに輩出しています。この写経も、書風からいえば欧陽詢の筆意を加味したもので、いずれも当代の写経としては代表的な文字であります。

〔六〕天平写経所の写経生の答案

天平時代、写経事業が盛行したときには、中央写経所で写経生を募集したものであります。これは、その時の書写の答案であります。二人のうち右の刑部諸国の方はまだ採用が決定していないので、審査の結果「未定」としてあります。こうしたきびしい審査を経て登用されたのでありますから、天平時代の写経は文字が優秀であり、写経の範となるのであります。

〔七〕瑜伽師地論（天平十二年五月一日光明皇后発願一切経の内）

光明皇后の願経は、これと同十五年五月十一日のものと二度行なわれています。これは皇后として父の冥福を祈願されたものです。正倉院には七百四十巻という多数が保存されています。なかには、このように軸に墨書のあるものもあります。これには「写建部広足、十一月卅日大宅口」

とあって、写経生と校生の名を書きつけたものもあります。

〔八〕清衡一切経（紺紙金銀交書）（平安時代）

奥州平泉に藤原清衡（きよひら）が富力にまかせて善美をつくした中尊寺を経営し、前代未聞の豪華な金銀交書の一切経を敬造しました。これには叡山の写経僧たちを招聘し、料紙なども京洛において染めさせたようであります。これは後に関白秀次によって高野山金剛峯寺に運ばれ、そのまま保存されています。奥書によれば永久五年から天治元年頃に終っています。

〔九〕藤原教長の理趣経（平安時代）

藤原教長は、かの保元・平治の乱の大立物でありますが、事に坐し、太秦に出家して名を観蓮と称しました。大納言忠教の子で、官は参議正三位にまで昇っています。これは彼の三十四歳の永治二年正月十八日に書写した理趣経であります。和様体の優なるものとして喜ばれています。梵字は御室の御筆としてあります。

〔十〕色定一筆一切経（平安時代末期）

一人で一切経を書了した筑前宗像色定坊の僧安覚が書写したもので、彼は栄西の肉弟といわれ、入宋して帰朝後ただちに発願して、九州はもちろん、中国、四国、京都と行脚して、紙墨筆を求めつつ、二十五年を書きつづけて願望を達成した方であります。現に田島の興聖寺に二千七百四十五巻が保存されています。

〔十一〕藤原俊成（平安時代末期）・**藤原定家**（鎌倉時代初期）**の写経**

右は歌人俊成の写経、左はその子の定家の写経であります。親子であっても性格が違うように、文字も、まったく異なっています。素人の写経には、このように個性が出ていて、ほほえましいものがあります。

〔十二〕厳島神社の平家納経（平安時代末期）

平清盛が安芸守であった時、一沙門の言によって厳島を信仰し始めたところ、その後旭日昇天の勢で昇進しました。また建礼門院にまだ御子がなかったので、清盛が厳島に願を立てたところ、安徳天皇がお生まれになったので、いよいよ信仰を厚くし、社殿の修理、増築など寄進して、その興隆につとめました。長寛二年は彼が四十七歳で、権中納言従二位皇太后宮権大夫の要職にあり、長男重盛は正三位に叙せられ、父子並んで卿相に列しましたので、この霊験あらたかなのに感じて、栄えゆく平家一族に仏法の功徳の大を知らしめて結縁の装飾経を造顕したのであります。この経の美事なことは言語に絶するもので、平家の栄華を反映した写経であります。各巻の装飾は各自の命ずるところに従って手巧を異にし、染紙を半截して色調の変化を求めたのもあります。ここに掲げた提婆品は、表紙には海波と洲浜を銀泥で、切箔にて張紙魚を彩色で表わし、外題の文字を墨書し、青玉をもって覆い、その縁金具は欠落していますが、軸は水晶の五輪塔、発装金具は巴透しに局部鍍金を施した彫にし、下に雲母を張ってあります。組座金は蓮花、鐶付は蓮の実、紐は萌黄、白黄、紫交ぜ紐、露も蓮花であります。料紙は第一紙が紅隈梅花の型抜、銀砂子切型雲に振り、大小の切箔、裂箔、野毛振り詰め、それに唐草文様の空摺りに表わし、また裏も紅隈表と同じ。第二紙は、具の茶褐色、村濃銀砂子、大小裂箔、野毛振り詰。第三紙は、紫隈紙丁字にて柳葦手、上に銀砂子、桜花型抜き、大小裂箔に唐草を空摺りにしてあります。第四紙は、黄紙、橘実を丹に、葉を緑青に描き、銀村砂子、空摺唐草、裏も大体同様。第五紙は、薄い丁字にて菊折枝を描き、銀霞砂子、丁字で楓樹葦手絵、紋蓮を描き、銀村砂子、裂箔振り詰めに空摺という風に、五紙共それぞれに異なった装飾の仕方であり、罫はすべて金切金で、文字は金銀、緑青、群青をもって交ぜ書きになっています。そして見返絵は銀砂子振り詰めに極彩色で、描かれた図は、海の彼方に宮殿があって仏が安坐、下方に海波を踏んで一女性が侍女を従えて宝殊を捧げながら宮殿に向かっています。これは、経中の竜王の女がはじめて八歳にして禅定を得たというくだりを表わした女人成仏の場面であります。仏典の中に女人も成仏できると書かれているのは、この法華経の提婆品だけであります。そのためか、日本でも奈良朝時代から、法華経が国分尼寺経として用いられています。

〔十三〕 厳島平家納経の巻子本装幀

これが巻子本仕立の荘厳経です。平家納経を採りました。右端が「妙法蓮華経序品」と金具の題簽（だいせん）がつけてあります。次が譬喩品、陀羅尼品で梵字になっていますが、発装金具の透（すか）し彫（ぼり）をよく見て下さい。次が安楽行品です。最後のは組紐と露金具の蓮花を見せてあります。軸が各々異なっていることにも注意して下さい。

〔十四〕 一字三礼法華経巻三（室町時代）

一字三礼経というのは、一字書いては三回礼拝するという、信仰の徹底した写経であります。古来文献にはいくらも出てきますが、その実物にはなかなか遭遇しません。これは日蓮宗の妙泉寺の住職心妙が六十七歳のときに書写した法華経巻三の一巻です。奥書に

此一字三礼之御経三巻五百九十八行弘治二年自六月九日奉書始而至同廿八日奉書果畢
開基日什上人門流妙泉寺住六十七歳老比丘心妙敬白

と記してありますから、五百九十八行を二十日間に書き終っていることになり、一日に約三十行ずつ書いたことになります。本文は一字で筆をおきますから、何となく字間に隙があり

ます。

このような写経は、文字よりも儀礼を重んじた室町時代の思想をよく表現しています。

底本に掲載された付録頁の、
○別冊「般若心経書写手本」筆写手書き（出力時は、Ｂ４サイズ推奨）
○別冊「紙罫」（出力時はＢ５、もしくはＡ４サイズ以上を推奨）
は、下記ＱＲコードを読み取り、講談社ＢＯＯＫ倶楽部『写経入門』内、
「お知らせ・ニュース」欄にアクセスすれば、
ＰＤＦを閲覧、ダウンロードできます。
ＱＲコードが読み取れない場合には、左記サイトにアクセスしてください。
https://bookclub.kodansha.co.jp/product?item=0000369019&kbacr=announcement#announcement
（ＱＲコードは㈱デンソーウェーブの登録商標です）

KODANSHA

この底本は一九七一年、創元社より刊行されました。

文庫化にあたり、巻頭カラー頁を図版解説項へ移し、付録頁を講談社ＢＯＯＫ倶楽部『写経入門』内へと移行しています。